먼 나라 꼬레(Corée)

－이폴리트 프랑뎅(Hippolyte Frandin)의 기억속으로－

경인문화사

이폴리트 프랑뎅(Hippolyte Frandin)을 생각하며

현재의 우리들이 개화기라고 부르는 19세기 말, 조선에 온 서양인들은 우리의 모습을 어떻게 기억하고 있을까요. 한 세기 동안 우리는 참으로 많이 변했습니다. 그래서 때로는 그리 오래지 않은 우리들의 옛 모습이 무척 낯설게 느껴지기도 하지만, 그 속에는 오늘의 우리를 비춰 주는 역사가 뚜렷하게 존재하고 있습니다.

우리 박물관에서는 옛 사진 속에서 우리를 찾아가는 작업으로 19세기말 프랑스 외교관의 소장 사진을 토대로 "먼 나라 꼬레(Corée) -이폴리트 프랑뎅(Hippolyte Frandin)의 기억속으로"라는 전시회를 마련하였습니다. 이번 전시회는 프랑뎅(Frandin)이 촬영하고 수집한 사진들을 프랑스 파리(Paris)에 거주하는 후손 클로드 칼메트(Claude Calmettes)씨가 보관해 오다가 공개함으로써 이루어졌습니다. 이 자리를 빌어 소장자인 칼메트(Calmettes)와 이 자료를 우리 박물관에 소개해 준 쟝 보르(Jean Baur)에게 감사의 말씀을 드립니다.

프랑뎅(Frandin)은 1892년 4월 조선주재 제2대 프랑스 영사 및 전권공사로 이 땅에 첫발을 디뎠습니다. 그는 1894년 2월 프랑스로 돌아갈 때까지 조선의 각지를 여행하고자 했던 자신의 목적을 달성하기 위해 외교관으로서 조선 사람들을 만나고 서울과 주변의 산하를 둘러 보았습니다. 그는 조선을 능력은 있으나 낡은 제도의 굴레에 의해 여성적이고 소극적이며 자연스런 이미지를 가진 나라로 보았습니다. 그러면서도 그는 조선을 열강의 틈바구니 속에서 미래의 자유로운 발전 가능성을 가진 나라로 인식하였습니다.

흑·백 여백의 공간에서 그의 시선은 조선에 대한 애정을 담고 있지만, 때로는 낯선 이방인으로서의 오해가 살짝 묻어나고 있기도 합니다. 이 전시회를 감상하면서 이같은 프랑뎅(Frandin)의 시선을 느껴 보시기를 바라며, 이 기회가 전통의 터널을 벗어나 개화로 가는 조선 사회를 이해하는 데 작은 보탬이 되기를 바랍니다.

끝으로 이 전시회를 후원해 주신 주한프랑스대사관·외교통상부·문화관광부·조선일보와 관련 행사에 협찬을 해 주신 (주) 한국EPSON, 그리고 전시회 시작부터 많은 자문과 옥고를 주신 정성길·최인진·이경민 선생님과 사진 소장자 칼메트(Calmettes) 및 기메박물관(Musée Guimet)의 피에르 깜봉(Pierre Cambon) 학예연구실장께도 감사드리며, 전시회에 귀한 자료를 빌려 주신 한국사진사연구소 및 명지대 LG－연암문고에게도 고마운 말씀을 드립니다.

2003. 1. 20

경기도박물관장 양 미 을

<목 차>

제1장 이폴리트 프랑뎅(Hippolyte Frandin)의 조선(朝鮮) 여정

Ⅰ. 프랑뎅(Frandin) 사진자료의 수집 경위

Claude CALMETTES(프랑스 도시건축가)
번역 — 유진숙(주한프랑스대사관 문화협력관)

불확실한 과거의 이미지를 투영하는 거울은 종종 향수(鄕愁, nostalgia)의 샘이 되곤 한다. 그렇다고 해서 사람들이 향수라는 물결에 휩쓸려 아쉬움의 바다 속에서 허우적거릴 필요는 없을 것이다. 우리는 인간의 기억과 삶의 윤곽이 어쩔 수 없이 희미해져 끝내 사라져 버리는 것을 아쉬워할 수 있지만, 마술사가 마술방망이로 우연을 절호의 기회로 바꾸듯이 때로는 시간이 사라진 것을 되살려 내기도 한다.

이것은 신비롭고도 전설적인 장소이자 삶과 죽음, 궁핍과 풍요, 공포와 평화의 현장인 서울에 관한 이야기다. 서울은 때로는 명성이 드높은 고장이기도 하고, 때로는 부패의 바닥이기도 하였다. 잠자는 미녀임과 동시에 포획되어 흥분하여 날뛰는 짐승이었다. 서울은 암살당하고 짓밟혔으며 짓눌렸다. 하지만 서울은 살아 남았고, 숨막히도록 비극적인 세기말의 비인간적인 세상에서 찬란히 빛을 발하기까지 하였다. 서울은 변모하였으며, 사람들이 전혀 상상하지 못한 다른 모습으로 탈바꿈한 것이다.

정확하게 111년 전에 한 외로운 사람이 아마도 무척 평범한 목적이었지만, 아주 날카로운 호기심으로 무장한 서양인의 눈으로 서울에 왔다. 그리고 모친상을 당해 다시 본국으로 돌아가기 전까지 3차례에 걸친 일주(一周)를 한다. 그는 이태리에서 태어나 러시아에서 자란 프랑스 사람이었으며, 파리 동양어학교에서 공부하였다. 외교관의 길로 들어선 그는 1880년(고종 17) 톈진(TIEN-TSIN, 天津), 1884년 베이징(PEKIN, 北京), 그리고 1891년(고종 28)에는 조선(CORÉE, 朝鮮)에 임명을 받는다. 그는 1892년 서울에 도착하여 프랑스 정부의 영사(領事)이자 전권공사(全權公使)로서 조선의 왕에게 신임장을 제출한다.

1892년과 1893년, 그리고 1894년은 한국 역사에 있어서 순탄하지 않았던 시기로 여겨진다. 전문가들은 이 시기가 노름판 같았고, 반복되는 갈등 속에서 상황이 기이하게 뒤집히기도 했음을 설명하는 데 동의할 것이다. 하지만 다른 이들이, 즉 평범한 사람들이 권력자들처럼 이 같은 상황을 알 수 있었을까? '냉전'이라고 불리었던 전쟁이 남긴 폐허가 언제 하늘로부터 두루미나 울새 혹은 꿀벌의 비상까지 지워버린 적이 있었던가? 폐허가 시인의 두루마리나 화가의 병풍, 혹은 천재의 잉크를 파묻어 버린 적이 있었던가? 이러한 기본적 지표들, 속죄의 이미지, 기쁨과 고통 속에서 완성된 오랜 성숙의 필연적인 증거들, 말로 설명할 수 없는 징조들이 정말 더 이상 존재하지 않는다는 것인가?

다른 곳으로부터 와서 다시 떠나간 몇몇 외로운 사람들은 그들의 정신을 살찌웠던 이미지들을 모았고, 그들이 신뢰했던 이방인들에 대한 강렬한 호기심에 따라 있는 그대로의 공간들, 신성한 공간들, 비밀의 공간들을 수집했던 것이다.

그들 중 한 사람이 곧 나의 대고모부, 즉 내 할아버지의 누이와 늦게 결혼했던 할아버지의 매형이었다. 내 대고모는 과부가 되었지만, 내게는 친절한 선녀이자 다양한 보물의 수호자였고, 불안한 청소년기의 내 정신에, 내가 태어나기 4년 전에 죽은 그녀의 남편이 겪었던 세계에 대한 모든 것을 이야기 해주었던 사람이었다.

나의 눈 또한 중국과 일본 혹은 한국, 세인트 도밍고(Saint-Domingue), 키토(Quito)나 보고타(Bogota) 같은 갈 수 없는, 환상적인 미지의 장소들로부터 온 사물들의 신비에 늘 젖어 있었다. 나는 그 집을 방문할 때마다 희한한 구조로 된 가구들의 서랍에 파묻혀서 향기가 나는 낡은 종이들로 각각 포장된 단검들, 작은 동상들, 도자기들, 옥제품과 돈 등을 펴보고 다시 싸고는 했었다.

나는 그 당시 미술(Beaux-Arts)학교의 건축분야 입학 시험을 준비하고 있었는데, 내가 알지 못하는 문화의 이 모든 증거물들로 인해 흥분하게 되었다. 하지만 어느 날 저녁 버려진 서랍의 가장 깊은 곳으로 내 손이 미끌어져 들어갔을 때, 나는 열리지 않을 정도로 뚜껑이 망가진 2개의 평범한 상자를 끌어내게 되었다. 망가진 뚜껑은 내게 더욱 호기심을 자극했으며 끈기 있게 계속 노력한 결과, 비단으로 덮인 2권의 앨범이 나의 눈에 들어왔다.

나는 이 느낌, 나를 지배하던 무지가 그 날 저녁 진한 감동의 순간을 맞이했던 것을 고백한다. 왜냐하면 2권 중 하나의 앨범을 열면서 이게 대체 무엇일까를 이해하려고 한참 동안을 애쓰다가 나는 미지 속으로 비현실과 신비 속으로 빠져들어 갔던 것이다. 거기에는 손으로 쓴 몇 개의 표시와 단어·숫자·선 등이 있었다. 그리고 나는 하나의 단어를 발견하였는데 그것은 '서울'이라는 이름이었으며, 내 대고모부가 어딘가에서 온갖 종류의 의복을 입고 각각 다른 상황 속에 계셨던 것이다. 그는 심지어 높은 고관처럼 차려입고 있었다. 이 모든 것이 신기하게 느껴졌다.

이러한 풍경과 인물, 거리와 집, 궁궐, 그리고 탑 등의 사진에 깊은 감동을 받고 나서 나는 그것들은 발견했던 자리에 모두 다시 정리해 놓았다. 이때는 1947년으로, 1924년에 이미 세상을 떠난 대고모부에 이어 내 대고모가 세상을 떠난 해였다.

그래서 신비하면서도 가족적 만남에서나 가능했던 이 모든 호기심은 특별하고도 빠른 분석의 동기가 되었으며, 곧이어 그 장소는 내가 사는 아파트가 되었다. 그리고는 또 잠잠했고, 삶은 계속되었다. 가구는 가구로 사용되었고, 사물들은 오고 가는 친숙한 지표 역할을 했는데, 그 대부분이 서랍 안에 보관되어 있다가 그중 일부만이 가끔 바깥으로 꺼내지기도 하였다.

나의 가장 오랜 고등학교 때 친구가 어느 날 한국에서 근무하는 아들을 만나러 떠난다고 알려왔다. 그때가 2001년이었으며, 서울이라고 했다. 서울이란 이름은 나에게 어렴풋한 기억들을 불러 일으켰으며, 결국 나는 그를 놀라게 해주려고 그 기억들을 다시 불러 모았다. 나는 그에게 '공백'으로부터 다시 나온 앨범 사진들의 복사본 하나를 건네주었다. 한국에 도착하여 서울 아들집에 머물던 내 친구 쟝 보르(Jean BAUR)는 우연히 만나게 된 몇몇 친구들에게 내가 그의 편에 보낸 사진들을 보여주었다. 그런데 이 사진들에 대한 관심이 점점 확대되어 급기야는 한국의 역사에 대하여 관심을 갖는 모든 사람들의 접근이 용이한 공공장소에서 그 자료들을 보이고 싶다는 생각에까지 이르게 되었다. 오늘날 과거에 대한 많은 것이 이미 사라졌기에 과거를 연결하는 어떤 연결고리의 출현은 하나의 사건이 되었으며, 그것을 함께 나누는 것 역시 중요하게 된 것이다.

그런 중에 생각지도 않았던 어느 날, 프랑스 맨 끝에 위치한 빌프랑슈-드-루에르그(Villefranche-de-Rouergue)에 있는 나의 건축사무소에서 서울로부터 걸려온 한 통의 전화를 받게 되었다. 나는 그 사무소를 기점으로 우리가 '작은 요새' 라고 부르는 중세시대 새로 생겨난 수백개 도시를 순회하기도 하며, 20년 전에는 이 도시들에 대한 연구소를 설립하기도 했다. 아무튼 그리하여 나는 한국의 경기도박물관에서 전시회를 개최하도록 이 사진 컬렉션을 대여한다는 것이 필연적이고도 중요한 일이라는 사실을 깨닫게 된 것이다.

양미을 경기도박물관장을 파리에서 만났을 때 우리는 한국에서 가져온 가구들과 작품들을 비롯하여 나의 대고모부가 소유하고 계셨던 모든 것들을 내가 살고 있는 집에서 함께 살펴보게 되었다. 한순간 우리는 감동을 느꼈다. 그리고는 월드컵 경기 홍보용 책자를 통하여 본 수백만 시민들, 수많은 도심의 마천루들과 놀라운 경제발전을 이룩한 한 도시의 믿기 어려운 변모를 마주하며 흥분과 상상이 우리를 사로잡았다. 그리고 이 소박한 사진 컬렉션은 마치 아무 것도 없는 무(無)로부터 나와 또 다른 세계를 말하고 있는 듯 하였다.

그렇다. 그것은 다른 세계에 관련된 것이었으며 그래서 집단적 기억으로부터 잊혀진 한국 역사의 순간을 일반 대중을 위한 무대에 올려지도록 하려는 유혹이기도 하였다. 문화유산을 통해 도시의 가치를 높이기 위한 지역단체의 관계자이며 고문으로서 또는 도시건축가로서의 나의 직업적 활동과 같은 범주와 방향에서 나는 내 자신이 이끌리고 있음을 느꼈다.

나는 사람들이 잃어버린 것을 다시 찾는 장소, 첨단 컴퓨터의 기술

덕택에 다시 발견되고, 빛을 보게되며, 젊은 세대들의 호기심에 찬 눈 길을 끄는 몇몇 흔적들만이 남겨진 신화적인 장소를 상상하였다.

나는 그런 공상과학 영화를, 시간을 거슬러 올라가는 그런 기계 를, 잊혀진 우주에 입맞추기 위한 시간을 뛰어 넘는 현재 삶의 거울 을 상상하였다. 오늘의 모습에 겹쳐서 인화된 어제의 모습, 소박한 혹은 화려한 옷을 입고 나란히 걷고 있는 옛날의 천민과 양반들, 그 리고 기상천외한 디지털 이미지의 덧입히기 덕택에 오늘날의 혼잡 한 거리와 이루는 미묘한 불협화음, 고속도로 교차로 위로 나타난 상상의 풍경들, 부주의하게 교통 혼잡을 일으키며 주사위 놀이를 하 고 있는 잃어버린 아이들, 오늘날 사람을 대신해서 수많은 자동차가 차지한 강력 시멘트 다리를 가로지르는 장엄한 가마들, 즉 일상의 지옥으로부터 떠나 다시는 되돌아오지 않을 것에 대한 명상 속에서 방법을 찾기 위해 고요함과 성스러움으로 방문객을 인도하는 멋진 장소를 꿈꾼다. 그것은 아마도 탐욕스런 우리 사회의 불안정한 상태 에 맞서기 위한 보다 나은 무장 방법일 것이다.

먼 과거가 매일 매일 장미빛이 아니었던 것은 어쨌든 사실이며 이폴리트 프랑뎅(Hippolyte Frandin)이 거쳐간 몇 년간의 역사에도 생 소하고 미개한 부분이 있었다. 그러나 그것은 중요하지 않다. 1843 년에 나서 1897년에 세상을 떠난 화가 오원 장승업을 되살린 영화 '취화선'에서 임권택 감독의 세계에 푹 빠진다면 이런 놀라운 세계 에 대한 한 서구(西歐) 전권공사(全權公使)의 이끌림을 더 잘 이해할 수 있을 것이다. 이러한 사진들은 오늘날 정신적인 또한 문화적인 준비 없이는 이해하기 어려운 예술작품들이 되었다.

그리하여 나는 어떤 면에서 나의 대고모부 이폴리트 프랑뎅

(Hippolyte Frandin)이 나에게 부여한 한국 국민에 대한 의무감을 느꼈으며, 본 전시회가 보여주는 거울의 그런 여정에 참여하게 됨을 영광스럽게 생각한다. 서울의 젊은이들은 그들이 빛과 어두움의 수세기를 지나 잿더미 속에서 소생한 한 도시에서 태어났음을 알았으면 한다. 기록물과 사물들을 통해 시간을 거슬러 올라가 볼 때, 젊은이들 눈이 상상을 초월한 귀한 것을 발견하는 형용하기 어려운 그 순간들, 내게 그러한 순간들이 주어졌으므로 이 글을 쓰며 나는 바로 그 젊은이들을 생각하는 것이다. 그리고는 삶이 그 방향을 되찾고, 인간의 가슴 속에 그 흔적을 남기며, 꿈이 흐르면 그것을 어떤 이들은 희망이라고 한다.

Le miroir qui renvoie l'image

Claude CALMETTES(Architecte Urbanisite)

Le miroir qui renvoie l'image d'un passé incertain est bien souvent source de nostalgie. Doit-on se laisser pour autant submerger par cette vague et se noyer dans l'océan des regrets? On pourrait regretter que le souvenir des êtres humains et de leur cadre de vie s'estompe inéluctablement jusqu'à disparaître, jusqu'à ce que le temps le fasse renaître comme un magicien transforme le hasard, de sa baguette, en opportunité bienvenue.

Mais il s'agit de Séoul, lieu mythique et légendaire, lieu de vie et de mort, de détresse et d'opulence, d'horreur et de sérénité. SEOUL tour à tour, haut lieu de la contemplation et bas-fond de la corruption, belle endormie autant que bête enfiévrée, captive et souveraine, SEOUL a été assassinée, piétinée, écrasée.

Mais elle a survécu, elle a même éclaté dans le monde inhumain d'une fin de siècle d'un tragique étouffant. Elle s'est transfigurée et ne ressemble à rien de ce qu'on pouvait imaginer, pas plus que ne s'imaginent aujourd'hui ceux qui la hissent au firmament des records, ce qu'elle pouvait être avant de mourir.

▪ 먼 나라 꼬레(Corée)

Il y a 111 ans très exactement un homme solitaire, un œil occidental armé d'un objectif sans doute très banal et d'une curiosité certainement très aiguë est venu à SEOUL faire trois petits tours avant de s'en retirer pour enterrer sa mère. Il était français, né en Italie, élevé en Russie, étudiant aux Langues Orientales de Paris ; il embrasse la carrière diplomatique ; nommé en 1880 à TIEN-TSIN, en 1884 à PEKIN, en 1891 en Corée, il débarque en 1892 à SEOUL présenter ses lettres de créance au Roi en tant que Consul et Commissaire du Gouvernement Français.

Ces années 1892, 1893 et 1894 ne semblent pas avoir été des années calmes dans l'histoire de la Corée. Les spécialistes s'entendront bien pour expliquer les enjeux de la période et les étranges renversements de situation dans un conflit à répétition. Mais que savent donc les autres, les simples comme les puissants? Est-ce que les ruines de la guerre surnommée «guerre froide» ont effacé à jamais du ciel le vol des grues, des rouges-gorges et des abeilles? Les ruines ont-elle enfoui les rouleaux des poètes, les paravents des peintres et l'encre des génies? N'existent-ils plus vraiment ces repères fondateurs, ces images rédemptrices et ces signes indicibles, témoins nécessaires d'une longue maturité accomplie dans la douleur autant que dans la joie?

Quelques hommes solitaires, venus d'ailleurs et repartis, ont cueilli des images dont ils se sont nourris, butiné ces espaces naturels, ces espaces sacrés, ces espaces secrets, au gré de leur curiosité enfiévrée d'étrangers accrédités.

L'un deux était donc mon grand-oncle, beau-frère de mon grand-père, puisque tardivement marié à sa sœur. Celle-ci, devenue veuve, devint pour moi une fée attentive, gardienne d'un trésor aux multiples facettes, contant à mon esprit d'adolescent inquiet tout ce que le monde avait transmis à son mari décédé quatre ans avant que je n'apparaisse.

Aussi mes yeux s'étaient-ils imprégnés des mystères des objets rapportés de Chine, du Japon ou de Corée, de Saint-Domingue, de Quito ou de Bogota, lieux inconnus, inaccessibles et fantasmatiques. Plongé dans les tiroirs de ces meubles aux structures insolites, je déballais et remballais, à chaque visite, des poignards, des statuettes, des poteries, des jades ou des monnaies, chacun enveloppé de papiers aux parfums surannés.

Je préparais le concours d'entrée aux Beaux-Arts dans la section architecture et je me sentais transporté par tous ces témoignages d'une culture qui m'échappait quelque peu. Pourtant un soir, glissant mes mains au plus profond d'un tiroir délaissé, je tirai à moi deux boites insignifiantes aux couvercles enfoncés jusqu'à rester coincés. Ce défi mécanique me fît persévérer dans l'envie d'en savoir plus et deux albums recouverts de soierie s'offrirent à mon regard indifférent.

J'avoue ce sentiment, aujourd'hui misérable, mais l'inculture qui prédominait naturellement en moi allait ce soir-là recevoir un moment d'intense émotion, car, en ouvrant l'un de ces albums, j'allais plonger dans l'inconnu, l'irréel, le mystère, restant un bon moment à comprendre de quoi il s'agissait. Il y avait quelques indications manuscrites, des mots, des chiffres, des traits. Et puis, je découvris UN mot, c'était un nom, c'était SEOUL, et quelque part il y avait mon grand-oncle dans toutes sortes d'habits et de situations. Il était même habillé comme un haut dignitaire.

Le tout semblait comme presque neuf!

Alors, très impressionné par ces photographies de paysages, de personnages, de rues, de maisons, de palais, de pagodes, je rangeai tout, là où je l'avais trouvé. C'était en 1947. L'année où ma grand-tante allait rejoindre son mari déjà parti en 1924.

Alors, toutes ces curiosités mystérieuses et accessibles seulement sur rendez-vous familiaux devinrent le sujet d'une analyse particulière mais rapide avant de rejoindre les emplacements auxquels ils semblaient maintenant destinés au sein de mon appartement. Puis le silence se fit et la vie continua. Les meubles servaient de meubles, les objets servaient de repères familiers, allant, venant, la plupart du temps retournant aux tiroirs dont certains ne sortaient que très rarement.

Il fallut que mon plus vieil ami de lycée m'apprit un jour qu'il partait voir son fils en poste en Corée. C'était en 2001. C'était à Séoul. Et ce nom réveilla en moi d'indistincts souvenirs que je finis par rassembler pour lui faire une surprise. Je lui remis une photocopie des photographies des albums ressortis du néant pour la circonstance. Arrivé en Corée, reçu chez son fils à Séoul, mon ami Jean BAUR présenta les images que je lui avais données à quelques amis réunis incidemment. Et c'est ainsi que se développa l'intérêt de ces photographies jusqu'à provoquer l'envie de les montrer dans un lieu public accessible à tous ceux que l'histoire de leur pays rend orphelins de sa connaissance. Tant de choses ont disparu que l'apparition d'une quelconque parcelle du passé devient un événement et qu'il importe de le partager.

C'est ainsi que je reçus un coup de téléphone de Séoul un jour où je ne m'y attendais naturellement pas, à Villefranche-de-Rouergue, au fin fond de la France profonde, à mon agence d'architecture d'où je peux rayonner sur les centaines de villes neuves du Moyen Age que nous appelons ≪bastide≫ et pour lesquelles j'ai fondé, il y a vingt ans, un Centre d'Etude. Et j'apprenais donc qu'il était nécessaire et important que je puisse prêter cette collection afin de monter une véritable exposition dans un musée coréen, le GYEONGGI PROVINCIAL MUSEUM.

Une entrevue à Paris avec Madame Mieul YANG, directrice de ce musée, nous permit de regarder à mon domicile tout ce que je possédais de mon grand-oncle comme meubles et objets venant de Corée. L'émotion nous accompagna un moment, puis l'enthousiasme et l'imagination s'emparèrent de nous pour évoquer l'incroyable métamorphose d'une capitale aux millions d'habitants, aux gratte-ciel innombrables et à l'incomparable développement économique dont rendaient compte les dépliants préparant les événements de la Coupe du Monde de Football. Cette modeste collection de photographies semblait sortir du néant et parler d'un autre monde.

C'était bien d'un autre monde dont il s'agissait, et il était tentant de participer à la mise en scène destinée au grand public d'un moment de l'histoire coréenne disparu de la mémoire collective. Je me sentais entraîné dans une démarche du même ordre dans le cadre de mon activité professionnelle d'architecte urbaniste, acteur ou conseiller auprès des collectivités territoriales pour la mise en valeur des villes ou villages à travers leur patrimoine.

J'imaginais ces lieux mythiques où l'on découvre ce qui a disparu, laissant les quelques traces retrouvées et mises en lumière, grâce aux artifices de la technique de pointe des moyens informatiques, exposées aux regards incrédules des jeunes générations.

J'imaginais ces films de science-fiction, ces machines à remonter le temps, ce miroir de la vie présente traversé d'un bond pour embrasser l'univers oublié. Images d'aujourd'hui en surimpression des images d'hier. Humbles et puissants d'autrefois côtoyant dans leurs vêtements populaires ou cérémonieux l'exquise cacophonie de nos rues engorgées grâce à l'incrustation d'images numériques insensées. Paysages sortis de l'imaginaire surgissant aux carrefours de grandes autoroutes, enfants perdus jouant aux dés dans un embouteillage engendré par leur imprudence, palanquins majestueux traversant des ponts aujourd'hui de béton précontraint où la foule de voitures a remplacé le peuple innombrable. Bref, rêver d'un lieu terrifiant qui, partant d'un enfer quotidien, conduit le visiteur au calme et à la sérénité pour se ressourcer dans la contemplation de ce qui ne reviendra plus. C'est peut-être un moyen de ressortir mieux armé pour affronter l'aléatoire de nos sociétés mercantiles.

C'est vrai pourtant que ce passé si lointain n'était pas rose tous les jours et l'histoire de ces quelques années traversées par Hippolyte FRANDIN a quelque chose d'étrange et de barbare. Qu'importe, il n'est que de se plonger dans l'univers d'IM KWON-TAEK dans son film CHIHWASEON qui fait revivre le peintre CHANG SUNG-UP, dit OHWON né en 1843 et mort en 1897. On comprend mieux l'attirance d'un plénipotentiaire occidental pour cet univers stupéfiant, et ces photographies aujourd'hui deviennent des œuvres d'art qu'on a du mal à côtoyer sans préparation psychologique et culturelle.

Alors, si je me sens quelque part l'obligé du peuple coréen, par ce que m'a transmis mon grand-oncle Hyppolyte FRANDIN, je me sens honoré de pouvoir participer à cette traversée du miroir que propose cette exposition. Les jeunes de SEOUL doivent savoir qu'ils sont nés dans une ville qui a traversé des siècles de lumière et d'ombre avant de ressusciter de ses cendres. C'est à eux que je pense en écrivant ces lignes car il m'a été donné de vivre ces moments indicibles où de jeunes yeux découvrent l'inconcevable, lorsque l'on peut remonter le temps grâce aux documents et aux objets ; puis la vie reprend son cours et le rêve passe, laissant sa trace au cœur de l'homme, ce que certains appellent l'espoir.

Ⅱ. 프랑뎅(Frandin)의 조선(朝鮮) 행력

김준권(경기도박물관 학예연구사)

1. 조선에 온 프랑스 외교관들

조선과 프랑스 간의 수교는 1886년(고종 23) 5월 3일에 이루어졌다. 조선 측의 전권대신인 한성부 판윤 김만식(金晩植)과 프랑스 측의 전권대표 조르주 꼬고르당(Georges Cogordan)이 서명을 한 조약문은, 통상의 목적을 강조한 여타 서방 국가들의 조약 내용과는 달리 주요 목적이 통상뿐만 아니라 조선 전지역에서 프랑스 선교사들의 보호와 천주교의 자유로운 전교활동을 보장하는 데 있었다.[1] 프랑스 측의 이러한 목적은 수교 이전에 조선으로 파견된 파리 외방전교회 소속의 프랑스 선교사들이 조선에서 막대한 희생과 피해를 당한 경험에서 기인한 것이었다.

조선－프랑스 간의 수교로 프랑스 외무성에 의해 조선 주재 전권특사로 임명된 꼴랭 드 플랑시(Collin de Plancy, 葛林德)가 실제로 조선 정부와 조약문을 교환한 것은 1887년 윤4월 9일이었다.[2] 이후 드

---

1) 『고종실록』 1886년(고종 23) 5월 3일. 「조선－프랑스 통상조약문」 제1관 1항에 "조선국 군주와 프랑스민주국 대통령은 양국의 인민이 피차 다 영원히 평화롭고 화목하게 지낼 것이며, 이 나라 사람이 저 나라에서 살게 되는 경우에는 반드시 그 나라에서 신변과 주택 및 재산에 대해 응당한 보호를 받는다"고 하고, 제4관 2항에 "…나아가 자기 종교의 각종 예식까지 마음대로 진행하도록 승인한다"고 하였다.

▪ 먼 나라 꼬레(Corée)

플랑시(de Plancy)가 1888년 6월 6일 조선주재 초대 공사 겸 총영사로 부임한 이래 조선이 1905년 일제에 의해 외교권을 상실할 때까지 프랑스가 공식적으로 조선에 파견한 외교대표부(공사)는 3대에 걸쳐 2명이었다. 초대 공사 겸 총영사 및 3대 전권공사(全權公使)를 역임한 드 플랑시(de Plancy)와 2대 공사 및 총영사를 역임한 이폴리트 프랑뎅(Hippolyte Frandin, 法蘭亭)이 이들이다. 이 두 사람 외에도 조선 정부의 기록에 프랑스 공사[法國公使]로 소개되는 몇 사람이 있으나, 이들은 드 플랑시(de Plancy)와 프랑뎅(Frandin)의 공석시에 대리공사(代理公使)를 맡은 인물들이었다.

초대 공사 겸 총영사로 조선에 온 드 플랑시(de Plancy)는 1891년 6월 15일까지의 재임 기간중 프랑스가 조선과의 수교에서 주된 목적으로 내세운 자국 선교사들의 보호와 전교활동의 지원에 관심을 쏟으며 선교사들과도 친밀한 관계를 유지하였다. 그가 일본주재 1등서기관으로 전보되어 떠난 후에는 로쉐(E. Rocher, 彌樂石)가 1891년 6월 15일에서 1892년 3월 6일까지 대리공사 겸 총영사의 직임을 맡았다. 로쉐(Rocher)는 대리공사의 일을 하면서 1892년 1월 1일에 고종을 알현(이날은 일본 공사도 고종을 알현함)하고, 2월 4일에는 본국으로 돌아가게 된 사실을 알리기 위해 다시 고종을 알현하였다.[3] 로쉐(Rocher)의 고종에 대한 알현이 있고 나서 2월 7일에 게랭(M. Guérin, 業國麟)이 공사관의 서기관으로 부임을 하여 대리공사 겸 총영사의 직임을 맡게 되었다. 그는 이에 앞서 이미 1888년부터 1890년까지 조선주재 프랑스공사관의 서기관으로 일한 적이 있었다. 로쉐(Rocher)와 게랭(Guérin)은 대리공사로서 재임 기간이 짧았기 때문에 특별히 새로운 외교적 수완을 발휘하기보다는 드 플랑시(de Plancy)의

---

2) 『고종실록』 1887년(고종 24) 윤4월 9일.
3) 『고종실록』 1892년(고종 29) 1월 1일 및 2월 4일.

공사 업무를 그대로 이어받아 유지하는 정도에 그친 것 같다.

이처럼 로쉐(Rocher)에 이어 게랭(Guérin)이 대리공사로서 공사관을 책임지고 있을 때, 프랑뎅(Frandin)이 정식으로 2대 공사 겸 총영사로 부임을 하였다. 프랑뎅(Frandin)은 일본의 고베에서 제물포로 들어와 1892년 4월 8일 서울에 도착하였다. 그 역시 프랑스가 조선과의 수교시 주요 목적으로 내세운 선교사의 보호와 천주교의 전교 활동을 지원하는 일에 대단한 의욕을 보여주었다. 그러나 그는 공사로서 조선 왕실 및 정부와의 접촉, 조선을 둘러싸고 전개되는 국제 정세의 판단, 거류민의 관리 및 보호 등과 같은 일 처리 이외에도 선교사 및 조선인 천주교 신자들과 관련하여 제기된 수많은 민원소송을 처리하는 데 애를 먹게 된다. 이로 인해 그는 중국에서의 일 처리 경험이 풍부한 외교관이었지만, 조선에서는 그의 그러한 능력을 제대로 보여주지 못한 것으로 여겨진다. 이 부분은 그의 행력을 다루는 장에서 좀 더 자세히 살펴볼 것이다.

프랑뎅(Frandin)이 조선에 온 다음 달인 5월 10일에 게랭(Guérin)은 중국주재 텐진 서기관으로 전보되어 5월말에 조선을 떠났다. 대신 같은 달에 텐진의 서기관이었던 르페브르(G. Lefévre, 盧飛鳧)가 서기관으로 조선에 오게 되었다. 그런데 조선 정부의 기록에 의하면, 이 해 7월 25일 고종이 각국의 공사들을 접견하면서 프랑스 공사 게랭(Guérin)을 접견하였다는 기록이 있는데,4) 이는 아마 프랑뎅(Frandin)을 게랭(Guérin)으로 착각하여 잘못 기록한 것이 아닐까 한다.

프랑뎅(Frandin)이 있던 시기의 주한프랑스공사관은 생송(M. Sainson)이 1892년 6월 11일부터 1893년 5월 25일까지 공사관의 서기관으로 있다가 7월에 북경으로 간 것을 제외하고 서기관급 이상에서는 인원 구성에 커다란 변화가 없었던 것으로 보인다. 그러다가 1894년 2

---

4) 『고종실록』 1892년(고종 29) 7월 25일.

- 먼 나라 꼬레(Corée)

월에 프랑뎅(Frandin)이 모친의 사망 소식을 접하여 3월 2일에 프랑
스로 가서 돌아오지 않음으로써, 이 날부터 1896년 4월까지 르페브
르(Lefévre)가 대리공사 겸 총영사가 되어 공사직은 공석으로 남게
되었다. 2년 이상의 공석 후에 드 플랑시(de Plancy)가 다시 3대 공사
로 취임하였다. 즉 그는 1896년 4월 27일에서 1899년 11월 30일까지
공사서리 겸 총영사를 역임하고, 이어 1901년 5월 24일에 판리공사
(辨理公使)에서 전권공사로 승진해 1903년까지 근무하였다. 그 사이
의 공백기에는 르페브르(Lefévre)가 1899년 12월부터 1901년 3월까지
임시 대리공사로 근무하였다.[5]

이상에서 살펴본 바와 같이 조선과 프랑스 간의 수교로 1888년에
드 플랑시(de Plancy)가 조선주재 초대 프랑스공사로 부임하여 1892
년 2대 공사인 프랑뎅(Frandin)을 지나, 다시 드 플랑시(de Plancy)가 3
대 공사로서 1896년부터 1903년까지 임기를 마치고 프랑스로 돌아
갈 때까지의 약 15년 동안에 정식 공사는 3대에 걸쳐 2명이었다. 프
랑스 정부는 조선의 공사직이 공석일 때 신속하게 정식 공사를 임
명하지 않고 상당한 기간을 대리공사 체제로 두었다. 이에 대해 고
종은 1895년 8월에 르페브르(Lefévre) 대리공사와 뮈텔 주교를 접견
하면서 프랑스의 전권공사가 빨리 오기를 기대하며, 또한 보다 높은
직책의 프랑스 대표를 조선에 두기를 원하였다.[6] 물론 드 플랑시(de
Plancy)의 예에서처럼 한 사람을 두 번에 걸쳐 공사에 임명함으로써
외교 정책의 일관성을 유지할 수 있는 측면이 있기는 하다. 그러나
당시 조선에 외교관을 파견하고 있는 프랑스의 일련의 정책을 통해

---

5) 이상에서 언급한 프랑스 외교관들의 근무 일자는 대부분 한국교회사
   연구소 역주, 『뮈텔주교일기』(Ⅰ) (한국교회사연구소, 1986)와 그 속에
   실려 있는 김원모 편저, 『근대한국외교사연표』 (단국대출판부, 1984)
   에서 재인용한 것이다.
6) 한국교회사연구소 역주, 『뮈텔주교일기』(Ⅰ), 1986, 365쪽.

프랑스는 조선이 선교사 보호 및 천주교 전교활동의 지원 이외에는 중국이나 일본과 비교하여 커다란 통상적 매력이 없는 나라라는 관점을 은연 중에 드러내고 있음을 짐작할 수 있다.

2. 프랑뎅(Frandin)의 조선 행력

프랑뎅(Frandin)은 1852년 1월 3일에 태어나 청소년기의 수년간을 제정 러시아 황제의 참사관을 지낸 부친을 따라 러시아에서 보냈다. 그는 러시아어 · 영어 · 이탈리아어에 능통한 실력을 바탕으로 파리 동양어학교에서 중국어를 공부하고, 1875년 파리주재 중국대사관의 명예대사관 1등서기관이 되면서 직업 외교관의 경력을 시작하였다. 1880년에 중국 톈진주재 프랑스 영사관의 통역관 겸직 총영사가 되어 중국에 온 그는 이듬해 영사관을 거쳐 1889년 중국-베트남 국경 확정위원회의 위원장을 맡아 프랑스와 중국 간의 분쟁 해결을 위해 노력하였다.

프랑뎅(Frandin)이 조선주재 2대 프랑스공사 겸 총영사의 신임장을 가지고 서울에 도착한 때는 1892년 4월 8일이었다. 이에 앞서 그는 톈진에서의 오랜 외교관 생활을 통해 동아시아의 국제정세를 파악하고 있었고, 조선에 대해서는 1882년의 임오군란 때 '왕의 아버지'인 흥선대원군 이하응(李昰應)이 청에 의해 톈진의 보정부(保定府)에 억류된 사건을 통해 더욱 관심을 갖게 된 것으로 짐작된다. 프랑뎅(Frandin)이 공사 및 총영사로서 행하는 일과에서 조선 왕실과 정부 주요 인사를 접촉해 프랑스의 입장을 전달하고, 천주교 및 선교사와 관련한 민원 소송을 중재하거나 해결하는 일은 가장 큰 비중을 차지하였다. 그리고 거류민들을 보호하고 조선에 외교대표부를 둔

▪ 먼 나라 꼬레(Corée)

여러 나라의 주요 국경일에 해당 국가의 공사관에 초청되어 교류를
돈독히 하는 일도 빈번하였다. 그 외에 프랑스에서 파견한 파리 외
방전교회 소속의 신부와 수녀들, 각국의 조선주재 주요 인물들의 장
례식에 참여하여 자신의 존재를 알리는 일도 지속적으로 있었다.
  프랑뎅(Frandin)의 사진첩에서 단편적으로 확인할 수 있는 그의 활
동은 먼저 공사관의 해군대위 드 라브리(de Labry) 자작과 함께 총융
청[장위영]을 방문하여 포도대장 한규설(韓圭卨) 및 조선의 간부 무
관들과 기념 촬영을 하고 군대를 시찰한 것을 들 수 있다. 이와 비
슷한 목적으로 광화문 옆의 군영을 방문하여 별기군(別技軍)의 훈련
모습을 촬영하기도 하였다. 또한 조선 정부의 대신들과 우호적인 관
계를 통해 프랑스의 입지를 강화할 목적에서 민영달(閔泳達)·민종
묵(閔種默)·민영소(閔泳韶)·이준용(李埈鎔)·이하영(李夏榮)으로
추정되는 대신들의 초상사진을 촬영하고, 공사관 관계자들이 앞의
다섯 대신들과 함께 모처에서 단체로 기념촬영을 하기도 하였다. 그
외에 각국의 공사관에 대한 외교적 관심에서 공관들을 사진에 담고
있고, 북한산성과 남한산성의 주요 시설을 둘러보기도 하였다. 그런
데 프랑뎅(Frandin)의 사진첩에는 다른 나라 외교관 및 왕실 고문단
의 사진에서 쉽게 볼 수 있는 궁궐 내부의 광경이나 왕실 사람들의
모습을 담은 사진은 확인되지 않는다.
  이 절에서는 프랑뎅(Frandin)이 공사로서 조선에서 행한 활동을
『고종실록』과 『뮈텔주교일기』 등을 중심으로 살펴보고자 한다.

  1) 『고종실록』에서의 프랑뎅(Frandin)과 관련한 기록

  조선에서 프랑뎅(Frandin)의 외교적 행력을 보여주는 기록은 거의

없는 편이다. 따라서 여기서는 그가 재임한 기간 동안의 실록 내용을 통해 그의 활동을 확인하였다. 고종이 외국의 공사 및 영사들을 접견한 실록의 기록에서 프랑뎅(Frandin)의 이름이 처음 나타나는 것은 1892년 9월 25일이다. 4월 8일에 서울에 온 그의 이름이 9월이 되어서야 나타나는 것은 부임 직후 신임장을 제출하면서 왕을 알현하는 관례에 비추어 언뜻 이해가 되지 않는 부분이다. 앞에서 언급한 바와 같이 이 해 7월 25일의 『고종실록』에는 고종이 프랑스공사 게랭(Guérin)을 접견하였다는 기록이 나온다. 그러나 게랭(Guérin)은 이미 5월 말경에 서기관이 되어 톈진으로 떠났기 때문에 여기에서의 게랭(Guérin)은 프랑뎅(Frandin)의 오기일 가능성이 높다.

서울에 온 프랑뎅(Frandin)은 이틀이 지난 4월 10일까지는 아직 신임장을 제출하지 못한 상태였다.7) 『고종실록』에는 없으나 적어도 이날 이후부터 7월 25일 이전의 어느 날, 보다 정확히는 4월중의 어느 날에는 프랑뎅(Frandin)이 광화문을 통해 궁궐로 안내되어 신임장을 제출하고 고종을 알현하였을 것이다. 그가 고종을 처음으로 알현하러 가는 당시의 상황을 기록한 다음의 글을 보면 계절을 어느 정도 짐작을 할 수 있다.

> 나는 왕에게 제시할 신임장을 가지고 있었고 그로 인해 알현을 허락 받을 수 있었다. 가마꾼들은 물기가 질퍽질퍽하고 구불구불한 골목 진창길을 지나고 … 걸어가는 길의 사방에서는 악취가 풍겨왔다. … 왕이 오기를 기다리는 동안 접견실 앞의 한 방에서 나는 꽃병 속에 꽂혀 있는 일본산 왜철쭉을 감상하고 있었다(『조선에서(En Corée)』).8)

---

7) 한국교회사연구소 역주, 『뮈텔주교일기』(Ⅰ), 1986, 42쪽.
8) 끌라르 보티에 · 이폴리트 프랑뎅이 지은 『조선에서(En Corée)』의 번역문은 김상희 · 김성언 옮김, 『프랑스 외교관이 본 개화기 조선』, 2002, 태학사를 활용하였다.

▪『먼 나라 꼬레(Corée)』

접견실에서 고종은 프랑뎅(Frandin)에게 의례적인 질문을 하고 유럽의 여러 상황들에 대해서 물었다. 이어서 프랑뎅(Frandin)은 왕세자를 만나 인사를 나누고 궁궐을 떠났으며 알현은 이렇게 끝났다. 그의 책에서 프랑뎅(Frandin) 스스로가 왕을 알현하는 장면을 기록한 것은 이것 한 번 뿐이다.

아래의『고종실록』에서 알 수 있듯이 프랑뎅(Frandin) 단독으로 고종을 알현하는 기록은 1894년 1월 20일 한 번 밖에 없으며, 각 국과 함께 프랑스를 포함할 경우 1892년 7월 25일부터 프랑뎅(Frandin)이 조선을 떠나는 1894년 3월 2일까지 그가 다른 나라 외교관들과 함께 고종을 알현하는 기록은 7차례이다.9) 왕이 각국의 외교관들을 함께 접견하고 음식을 대접하는 것은 주재국의 왕으로서 외교관들의 노고를 치하하기 위한 의례적인 측면이 많음을 고려해 볼 때, 프랑뎅(Frandin)이 재임 중에 단독으로 한 번 밖에 왕을 만나지 못한 사실은 조선에서 프랑스의 영향력이 미약했음을 보여 주는 것이라고 할 수 있다. 고종이 조선에 영향력을 미치고 있는 다른 나라 외교관들을 접견한 기록과 프랑뎅(Frandin)의 경우를 비교해 보면 이것은 보다 분명해진다. 참고로『고종실록』에서 확인할 수 있는 프랑뎅(Frandin)의 재임기간(1892.4.8~1894.3.2) 중에 고종이 각국의 외교대표부(공사와 영사)를 접견한 기록은 아래와 같다.

1892(壬辰), 고종 29년

1. 1 건청궁(乾淸宮)에서 프랑스[法國]공사 로쉐(Rocher)와 일본공사 가지야마 데이스케[梶山鼎介]를 접견
2. 4 건청궁에서 본국으로 돌아가는 프랑스공사를 접견
5.29 조선과 오스트리아[奧國]의 수호통상조약 체결

---

9)『고종실록』1892년(고종 29)~1894년(고종 31) 기록 참조.

7.18 집경당(集慶堂)에서 미국(美國)공사 알렌[安連]과 독일공사
　　　크린[具麟]을 접견

7.25 집경당에서 각국 공사들(일본공사 가지야마·미국공사 알
　　　렌·영국공사 카아·프랑스 공사 게랭(Guérin)·독일(德國)공
　　　사 라인스도르프[賴思德]·러시아공사 드미트레프스키[德
　　　密特])과 영국·독일 영사 등을 접견

8. 1 함화당(咸和堂)에서 각국 공사들과 영국영사를 접견

9.25 광성전(廣成殿)에서 미국공사 허드[何德]·프랑스공사 프랑
　　　뎅(Frandin)·영국공사 힐리어[禧在明]를 접견하고 연회 개최

1893(癸巳), 고종 30년

1. 1 함화당에서 각국 공사를 접견

2. 8 각국 공사들을 불러 음식을 대접

4. 8 강녕전(康寧殿)에서 국서를 바치는 영국공사 오코너[歐格納]
　　　를 접견

5.14 건청궁에서 본국으로 돌아가는 미국공사 허드를 접견

6. 6 강녕전에서 본국으로 돌아가는 영국공사 오코너를 접견

6.13 강녕전에서 본국으로 돌아가는 일본공사 오이시 마사키[大
　　　石正己]와 해군 중장 이토 유코[伊東祐亨]를 접견

7.25 강녕전에서 각국 공사를 접견

8. 1 집옥재(集玉齋)에서 각국 공사들을 접견하고 음식을 대접

8.26 집옥재에서 국서를 바치는 일본공사 오토리 게이스케[大鳥
　　　圭介]를 접견

9.25 일본공사 오토리·미국공사 알렌·러시아공사 드미트레프스
　　　키·영국총영사 윌킨슨을 접견

11. 5 보현당(寶賢堂)에서 미국공사 알렌과 독일영사 라인스도르프
　　　를 접견

1894(甲午), 고종 31년

1.20 보현당에서 프랑스공사 프랑뎅(Frandin)을 접견

2. 8 장안당(長安堂)에서 각국 공사를 접견

2.27 건청궁에서 각국 공사들을 접견하고 음식을 대접

2) 『뮈텔주교일기』에서의 프랑뎅(Frandin)과 관련한 기록

뮈텔 주교의 일기는[10] 프랑스가 조선과의 수교시 염두에 두었던 종교 문제, 즉 조선에서 어떤 식으로 선교사들을 보호하고 천주교의 전교활동을 지원하였는가를 알 수 있는 자료이다. 일기에는 천주교와 관련하여 조선주재 프랑스공사관의 외교관들이 취한 입장이 생생히 드러나 있다. 따라서 이 일기는 실록의 기록이 보여주지 못하고 있는 공사 프랑뎅(Frandin)의 활동을 살펴볼 수 있는 또 다른 단서를 제공해 준다. 프랑뎅(Frandin)의 재임시에 오랜 동안 함께 있었던 공사관원 르페브르(Lefévre), 드 라브리(de Labry) 대위, 그리고 조선인 통역 이(李) 베드로와 김(金) 요셉은 일기에 여러 차례 등장한다. 이들은 프랑뎅(Frandin)의 사진첩 속의 일부 사진에서도 그 실존을 확인할 수 있다. 특히 이 베드로는 프랑뎅(Frandin)이 왕을 알현하거나 고관들을 만날 때 항상 동행했던 통역으로 생각된다.

조선과 프랑스 간의 수교 이후 사실상 조선 정부차원에서의 천주

---

10) 제8대 조선교구장을 역임한 뮈텔(Mutel, 閔德孝, 1854~1933) 주교의 일기는 조선-프랑스 간의 수교가 이루어진지 얼마 지나지 않은 1890년 8월 4일부터 1932년 12월 31일까지 42년 동안을 기록한 일기이다. 주요 내용으로는 천주교회 관련 소식, 천주교 신자와 비신자, 관(官)과의 사이에서 발생한 사건들과 처리, 뮈텔 주교와 프랑스공사를 비롯한 주한 외교사절들 및 외국인들과의 교류, 조선의 내정과 조선을 둘러싼 국제 정세 등을 담고 있다.

교에 대한 박해는 없어졌다. 그러나 지방관이나 지방민들 사이에서
는 아직까지 천주교 및 선교사들과 신자들에 대한 박해가 남아 있
어 이로 인한 피해 사례가 1890년대 들어서도 계속 나타났다. 선교
사들의 활동이 확대되는 만큼 각 지방에서 이들에 대한 배척과 폭
행, 추방 소동이 일어나고 심각하게는 생명을 앗아가는 경우도 있었
다.11) 이 시기의 피해 사례를 살펴보면 다음과 같다.

> 1887년 원산에서 드게트 신부 축출 사건
> 1889년 강경에서 베르모렐 신부와 교회 습격 사건
> 1890년 전주에서 보두네 신부 축출 사건
> 1890년 안변에서 마라발 신부 축출 사건
> 1890년 고산에서 죠조 신부 축출 사건
> 1891년 대구에서 로베르 신부 축출 사건
> 1892년 수원에서 빌렘 신부 폭행 사건
> 1892년 김천에서 죠조 신부 폭행 사건12)
> 1893년 양양에서 블라두 신부 폭행 사건
> 1894년 프랑스 신부 피살 사건13)
> 1898년 회령에서 브레 신부와 교회 습격 사건
> 1898년 안변에서 브레 신부와 교회 습격 사건

이와 같은 사건들은 천주교의 신앙관에서 기인하기도 하고, 간혹
선교사들이 총기를 소지하고 다니다 무분별한 발포로 인해 생겨나
기도 하였다. 1895년 원산에서 브레 신부의 발포 사건과 1897년 칠

---

11) 문규현, 『한국천주교회사』(Ⅰ), 1994, 빛두레, 95~96쪽.

12) 한국교회사연구소 역주, 『뮈텔 주교 일기』(Ⅰ), 1986, 101쪽.

13) 『고종실록』 1894년(고종 31) 7월 10일의 기록에 의하면, 통리교섭통상
   사무아문이 충청감영의 관할 지역에서 프랑스 신부가 피살된 사건을
   따지면서 이것이 다른 나라와의 우의와 관계되는 일로 규정하고 아문
   주사(主事) 이강하(李康夏)를 파견해 충청감사와 힘을 합쳐 범인을 잡
   아 철저히 조사해야함을 청하자 왕이 이를 승인하고 있다.

곡에서 파이아스 신부의 발포 사건이 대표적인 것이다. 한편 허무맹
랑한 유언비어에 선교사들이 피해를 입는 경우도 있었다. 즉 서양의
선교사들이 어린이를 유괴하거나 사서 먹고, 약으로 쓴다는 소문에
조선인들이 분개하여 선교사를 폭행하는 일이 있었다.[14] 드문 일이
긴 하지만 1893년 블라두 신부의 사례에서처럼 선교사 개인의 호전
적인 기질로 인해 일이 확대되는 경우도 있다. 그는 양양부사와 다
투면서 관가의 문을 부수고 소(訴)를 제기하여 천주교 신자들과 관
(官) 사이를 멀어지게 하였다.[15]

천주교와 선교사들의 피해 사건에 대해 프랑스공사관은 조선 정
부에 관련자의 처벌이나 해결책을 요구하는 식으로 대응하였다. 그
결과 조정에서는 사건 지역의 감사나 현감에게 주의를 주고 가담자
를 조사하여 귀양을 보내기도 하였다. 초대 공사 드 플랑시(de
Plancy)는 늘어나는 사건을 조선 교구와 협력하여 비교적 무난히 처
리한 것으로 여겨진다.

프랑뎅(Frandin)은 조선의 천주교 및 선교사들이 직면하고 있는 문
제들을 잘 알고 있었던 것으로 보이며, 공사로 부임을 한 후 여기에
관련된 민원의 해결에 힘을 쏟았다. 그리고 그 자신이 천주교 신자
로서 종현성당[명동성당]의 건립에도 많은 관심을 표시하였다. 그
는 1892년 김천 장터에서 죠조 신부가 심하게 폭행당한 사건을 조
선 정부에 항의하여 앞으로 선교사들이 조선－프랑스 간의 조약에
따라 보호를 받을 것이라는 확답을 받아 냈다. 덧붙여 조선 정부는
사건 장소인 김천 장터에 조선 - 프랑스 조약의 보호조항을 써 붙이
는 것으로 조치를 끝냈다.[16] 하지만 종교 문제에 관하여 선교사뿐만

---

14) 문규현, 『한국천주교회사』(Ⅰ), 1994, 빛두레, 95～96쪽.
15) 한국교회사연구소 역주, 『뮈텔 주교 일기』(Ⅰ), 1986, 143～144쪽.
16) 한국교회사연구소 역주, 『뮈텔 주교 일기』(Ⅰ), 1986, 105쪽.

아니라 조선인 신자들과 비신자들 간의 민원 소송은 끊임없이 제기되어 프랑뎅(Frandin)은 애를 많이 먹은 것으로 여겨진다. 게다가 프랑뎅(Frandin)의 매끄럽지 못한 중재 활동에 교구단 측에서 불만을 제기하여 불편한 관계가 지속되었다. 이렇게 되자 프랑뎅(Frandin)은 프랑스 외무성에 연락을 하여 외방전교회 교구단을 통제하려고도 하였다.

뮈텔 주교의 일기를 통하여 프랑뎅(Frandin)이 재임 중에 행한 활동을 살펴보기로 한다.17)

1892년 4월 프랑뎅(Frandin)은 제물포의 조계(租界)내에 프랑스인이 한 명도 없어 프랑스공사관이 조계 의회(Conseil municipal)에 참석 못할 것을 염려하여 한규설 장군과 조계 의회의 참석과 관련한 협상을 하였다. 이어 5월 8일 프랑뎅(Frandin)은 게랭(Guérin)과 함께 명동성당의 정초식에 참석하였다. 이 날 오전의 비 때문에 정초식은 오후 4시에 거행을 하였으며, 행사에 앞서 프랑뎅(Frandin)이 이처럼 좋은 기회에 추억이 될 사진을 찍어 두자고 제의를 하여 곧 일본인 사진사를 불러와 프랑뎅(Frandin), 게랭(Guérin), 선교사 등 20명 이상의 사람들이 기초공사가 진행되고 있는 쪽으로 향한 서쪽 언덕 위에 함께 모여 기념 촬영을 하였다. 저녁에 프랑뎅(Frandin)은 사진 원판을 보기 위해 여러 명과 함께 사진관에 갔다.

1892년 7월 프랑뎅(Frandin)은 조선인 천주교 신자들과 비신자들 간에 일어난 사건을 처리하고자 해당자들을 공사관으로 불러 조사하였고, 이 사건에 외아문 독판(督辦)과 포도대장 한규설 장군이 개입되어 있음을 알게 되었다. 이러한 사건들이 자칫 프랑스 정부의 입장을 난처하게 할 것을 우려하여 프랑뎅(Frandin)은 교구단에 천주교 신자들의 자제를 요청하였다.

---

17) 이하의 글은 한국교회사연구소 역주, 『뮈텔 주교 일기』(Ⅰ), 1986의 내용을 정리한 것이다.

▪ 먼 나라 꼬레(Corée)

  1892년 9월 15일(음력 7월 25일) 프랑뎅(Frandin)은 각국 공사 및 영사들을 위한 궁궐의 공식적인 리셉션에 참석하였다. 이 자리에서 프랑뎅(Frandin)은 그의 가슴에 달고 있는 수많은 훈장 덕분에 누구보다도 왕으로부터 많은 주목을 받았다. 얼마 후 그는 궁궐에서 일하는 외교단의 연회에서 연설을 하기도 하였다(『고종실록』 1892년(고종 29) 7월 25일의 기록에는 프랑스공사 게랭(Guérin)이 참석한 것으로 되어 있으나 이는 프랑뎅(Frandin)을 잘못 표기한 것임).

  1892년 11월 프랑뎅(Frandin)은 수원의 천주교 신자 오씨(吳氏) 사건을 해결하고자 독판 민종묵을 보러 갔으나, 그가 함경감사로 가는 바람에 만나지 못하고, 후임자인 이용직(李容稙)에게 그 사실을 요청하지만 이용직은 천주교 관련 사건은 다루지 못하겠다고 완강하게 거절하였다. 프랑뎅(Frandin)이 재차 요청하여 독판이 나서서 해결하겠다는 답을 받아 냈다.

  1893년 1월 프랑뎅(Frandin)이 프랑스 외무성에 보낸 두 가지 보고에는 명동성당에 2개의 종탑 설치를 허용하는 내용과 이 종탑이 풍수사상을 신봉하는 조선인들에게 불안감을 줄 것이라는 사실을 긍정하는 내용을 담고 있다.

  1893년 8월 프랑스 외무성 소속의 재외 공관원들의 이동이 있었는데, 프랑뎅(Frandin)은 자신이 조선을 떠날 것 같다고 뮈텔 주교에게 말하면서 '이곳 조선은 자신의 외교적 수완을 발휘할 수 없는 곳'이라고 답답한 심경을 토로하였다. 프랑뎅(Frandin)은 북경의 1등서기관으로 제수되었으나 본인이 거절한 것으로 알려졌다. 이런 와중에 천주교에 대한 문제는 계속 발생하여 프랑뎅(Frandin)은 외아문으로부터 경기감사에게 넘어온 소송 사건을 맡기도 하였다. 한편으로 영국영사가 제물포항의 일부를 매립하자는 계획을 밝힌 데 대해 각국의 외교관들은 찬성하였으나 프랑뎅(Frandin) 혼자만은 그 계획에 반대하였다. 프랑뎅(Frandin)은 웨베르·드미트레프스키·드 케르베르그·르페브르·크리인·라인스도르프 등과 함께 서울 주재 외교관 및 영사단 클럽(Club diplomatigue Consulaire) 설립자 위원회의 7인의 구성원이기도 하였다.

제1장 이폴리트 프랑뎅(Hippolyte Frandin)의 조선(朝鮮) 여정 ■

   1894년 2월 11일에 프랑뎅(Frandin)은 모친의 사망 소식을 접하고 3 개월 간의 휴가를 얻었다. 2월 13일 10시 반에 뮈텔 주교는 프랑뎅 (Frandin)의 모친의 안식을 비는 연미사와 사도예절을 거행하였는데, 이 자리에는 프랑뎅(Frandin), 평소 그와 사이가 좋았던 러시아 공사 웨베르[韋貝] 부처 · 손탁 · 드 케르베르그 · 사바틴 부처 · 르젠드르 [李善得] 장군 등이 참석하였다.

   『고종실록』 1894년 음력 1월 20일의 기록에 고종이 프랑뎅 (Frandin)을 접견하는 기록이 있으며, 이는 그가 고종에게 모친의 부 음을 전하고 프랑스에 갔다오기 위한 알현인 것으로 보인다.

   고종을 알현하고 나서 프랑뎅(Frandin)은 3월 2일에 조선을 떠났 다. 이후에는 르페브르(Lefévre)가 대리공사를 맡아 천주교 및 선교사 와 관련하여 계속 발생하는 소송 사건 때문에 외아문의 독판으로부 터 문서를 전달받는 일이 많았다. 해를 넘겨 1895년의 1월 · 9월 · 10월에 각각 한 차례씩 프랑뎅(Frandin)은 다시 조선에 오겠다고 연 락을 해왔으나 오지 않았다. 그해 8월 고종은 프랑스공사관의 르페 브르(Lefévre) 대리공사와 뮈텔 주교를 접견하는 자리에서 "새로 부 임할 프랑스공사는 실질적인 능력을 갖춘 사람일 필요가 있는데 지 금의 프랑뎅(Frandin)은 절대적으로 능력이 부족하여 이미 신용을 잃 었다"고 말하고 있다.

   원래 프랑뎅(Frandin)은 모친의 장례가 마무리되면 다시 공사직에 복귀할 것을 염두에 두고 조선을 떠난 것으로 보인다. 이것은 그가 여러 차례 날짜를 연기하면서까지 조선에 오는 배를 타려고 시도한 데서도 알 수 있고, 또한 프랑뎅(Frandin)이 사용한 가구가 처분되지 않은 채로 있다가 1896년 4월 27일 드 플랑시(de Plancy)가 조선의 공 사로 부임한 직후인 5월 1일에 경매에 부쳐진 사실에서도 알 수 있 다.18) 결국 프랑뎅(Frandin)은 모친의 장례를 마치고 조선에 오려고 하였으나 무슨 까닭에서인지 여의치 않게 되다가 드 플랑시(de

▪ 먼 나라 꼬레(Corée)

Plancy)가 부임하는 바람에 조선에 올 기회를 잃게 되자 누군가에게
부탁을 하여 그가 쓰던 가구를 경매하도록 한 것으로 보인다.

3. 프랑뎅(Frandin)의 『조선에서(En Corée)』

프랑뎅(Frandin)의 『조선에서(En Corée)』는 1905년 끌라르 보티에
(Claire Vautier)와의 공동 저술로 파리에서 출간되었다. 프랑뎅(Frandin)
의 것과 거의 같은 시기에 나온 조선 관련 저작물로는 쟝 드 팡주
(Jean de Pange)의 『En Corée』(1904), 에밀 부르다레(Emile Bourdaret)의
『En Corée』(1905), 앵거스 해밀턴(Angus Hamilton)의 『En Corée』(1905)
등이 있다. 이들 『조선에서』라는 제목은 서양인들의 조선에 대한
이전의 표현이나 저작들과는 달리 체험적인 성격과 아울러 주제에
대해 중립적인 입장을 지닌 채 깊숙한 곳까지 침투해 투시하는 느
낌을 강하게 준다.[19]

그러나 실제로 프랑뎅(Frandin)의 『조선에서(En Corée)』라는 책을
통해 그가 조선을 바라보는 시각을 살펴보면, 한 사회에 대한 종합
적이고 세밀한 관찰이라기보다는 외교관의 의무적 기록과 같은 인
상을 강하게 풍겨준다. 프랑뎅(Frandin)이 왕과 왕세자를 알현하고
궁궐의 광경을 서술하는 장면과 조선을 둘러싼 국제정세를 논하는
부분에서는 외교관의 경험이 묻어나고 있다. 그런데 지면의 대부분
들, 즉 조선 사람들의 체질적 특징·마을 풍경·신앙·의식주 생
활·가족제도와 신분제도·관혼상제·여성생활·예술 등에 대하
여는 세밀하고 직접적인 관찰에 의한 기록이 아니라 1회성의 감상

---

18) 한국교회사연구소 역주, 『뮈텔 주교 일기』(Ⅱ), 1993, 34쪽.
19) 프레데릭 불레스텍스 지음, 이향·김정연 옮김, 『착한 미개인 동양의
    현자』, 2002, 청년사, 164~181쪽.

과 간접적인 자료에 근거하여 서술을 하였다. 이러한 것은 19세기 서양의 외교관·탐험가·무역상인·선교사들이 불충분하고 비객관적인 정보원을 가지고 한 사회를 난도질하는 폐습과 동일한 맥락에 있는 것이다.

'동양과 서양'이라고 하는 것 사이에서 만들어지는 존재론적이자 인식론적인 구별에 근거한 하나의 사고방식을 오리엔탈리즘이라고 할 때[20], 프랑뎅(Frandin)이 『조선에서(En Corée)』의 저술에서 보여주는 시각은 이러한 사고에 깊이 빠져 있다고 할 수 있다. 그는 독립된 나라와 국민을 가진 조선을 기록하면서 그 출발점으로 동양과 서양을 나누는 기본적인 구분을 사용하고 있다. 그 결과 조선의 모든 것을 서양의 것과 비교하면서 그는 서양과 서양인들의 전유물인 것처럼 생각하는 문명성과 분별력을 앞세워 그가 보기에 여전히 전통의 폐습과 제도·무지·무기력 상태에 머물러 있는 조선을 우스꽝스럽고도 이해할 수 없는 존재로 바꾸어 놓고 있다.

---

20) 에드워드 사이드 지음, 박홍규 옮김, 『오리엔탈리즘』, 2002, 교보문고, 17쪽.

Ⅲ. 프랑뎅(Frandin)의 조선 여정

이폴리트 프랑뎅(Hippolyte Frandin, 1852~1924)의 한국 이름은 법란정(法蘭亭)으로 『고종실록』에 기록되어 있다. 그는 프랑스의 외교관으로서 1892년 4월부터 1894년 2월까지 조선 주재 제2대 프랑스 영사 및 전권공사를 지냈다.

그는 파리동양어학교에서 중국어를 공부하고, 1875년 파리 주재 중국대사관의 명예대사관 1등서기관을 맡으면서 직업 외교관의 경력을 시작한다. 1880년에 중국 텐진 주재 프랑스 영사관의 통역관겸 직 총영사가 되어 중국에 온 그는 이듬해 영사관을 거쳐 1889년 중국-베트남(안남) 국경 확정위원회의 위원장을 맡아 프랑스와 중국 간의 분쟁 해결을 위해 노력하기도 한다.

프랑뎅(Frandin)의 조선에 대한 인연은 1892년에 이루어진다. 1886년의 조선-프랑스 간의 수교 이후 조선 주재 초대 전권공사였던 꼴랭 드 플랑시(Collin de Plancy, 葛林德)의 뒤를 이어 그는 4월에 제2대 전권공사로 부임해 고종에게 신임장을 제출한다. 특히 그는 조선에서 천주교의 자유로운 포교 활동에 관심을 기울였고, 틈틈이 서울과 인근 지역을 다니면서 조선의 문물을 기록하고 사진기에 담기도 했다.

1894년 2월, 갑작스런 모친상으로 프랑스로 돌아가게 된 그는 조선에서의 기록과 관찰을 토대로 1905년 끌라르 보티에(Claire Vautier)와의 공동저술로 『조선에서(En Corée)』를 출간하고, 1924년에 세상을 떠났다.

1. 이폴리트 프랑뎅 / Hippolyte Frandin
   프랑뎅(Frandin)의 한국 이름은 법란정(法蘭亭)이다. 그는 1892년 4월부터 1894년 2월까지 조선주재 제2대 프랑스 영사 및 전권공사를 역임했다. 쌍학 흉배가 있는 문관복을 입고 병풍을 배경으로 자신의 모습을 담았는데, 서양의 외교관이 문관복을 갖추고 사진을 촬영한 예는 흔치 않다.

2. 이폴리트 프랑뎅 / Hippolyte Frandin
   오른손에 부채가 없는 반신상으로 사진 1과 같은 시기에 촬영한
   다른 사진으로 보인다.

3. 프랑스공사관 전경 / A front view of a French legation
　기와집에 유리창을 달아 부분적으로 개조를 하였고, 건물 앞쪽은 기름 가로등이 설치되어 있다.
프랑뎅(Frandin)은 높은 곳에 자리한 프랑스공사관이 러시아공사관이나 중국 고관들의 숙소처럼
기와 지붕에다가 중국인의 거주지와도 흡사한 모양새를 하고 있다고 서술하고 있다.

· 먼 나라 꼬레(Corée)

4. 프랑스공사관 원경 / A distance view of a French legation
　프랑스공사관은 1886년 조선과 프랑스 간의 수교 이후에 서소문 안에 자리를 잡았다. 벌판을 내려다 볼 수 있는 높은 곳의 기와집이 공사관이며 오른쪽으로 부속 건물이 딸려 있다. 공사관 앞쪽으로는 채소밭과 양옥집이 자리하고 있다. 프랑뎅(Frandin)은 공사관으로 들어오는 길이 널찍하고 깨끗하여 서울에서 가장 아름다운 구역이라고 하였다.

5. 프랑스공사관 입구 / The entrance to a French legation
프랑뎅(Frandin)의 재임 시기에 공사관 건물의 담장을 쌓고 별채를 건립하는 공사 장면을 촬영한
것으로 추정된다. 그는 전임 프랑스 공사가 건물을 세우는데 열성을 다하였기 때문에 프랑스공사
관과 그 주변은 서울에서 가장 아름다운 구역이 되었다고 설명하고 있다. 뒤쪽으로 러시아공사관
건물이 희미하게 보인다.

6. 프랑스공사관 안쪽 담장 / A fence of a French legation

7. 프랑스공사관 후문 입구 / A rear of a French legation

8. 공사관 안의 사무동 / The official building of a French legation
  기와집에다 서양식의 유리창을 설치하고 커텐을 달았다. 처마 안쪽에 프랑스에서 가
  져온 듯한 의자가 놓여 있고, 오른편으로 기름등이 보인다.

9. 공사관 집무실 내부 / The inside of an office of a French legation
  책상과 의자, 벽면의 벽돌 장식과 그림 등이 서양풍 집무실 분위기를 자아내고 있다.

10. 공사관 저택 앞 / A residence of a French legation
    흰색 양복을 입고 앉은 인물이 프랑뎅(Frandin)이고, 그 뒤에 서 있는 인물은 공
    사관에 근무하던 의사로 보인다. 또 한복을 입고 서 있는 조선인은 통역관인 이
    (李) 베드로로 생각된다.

11. 프랑스공사관 별채 / An annex building of a French legation
    본관 오른쪽에 있는 양옥 건물로 용도는 알 수 없다.

12. 프랑스공사관 별채 / An
    annex building of a French
    legation

13. 프랑스공사관의 서기관 생송(M. Sainson) / M. Sainson(A member of the staff of a French legation) 중국전통복장을 입고 기념촬영을 하였는데, 손에는 부채로 짐작되는 유리 장식품을 들고 있다.

14. 프랑스공사관 직원들의 궁궐 관광 / The staff of a French legation
한복을 입고 선그라스를 쓴 조선인이 이채롭다.

15. 조선인 통역관 / A Korean official interpreter
프랑스공사관 소속 조선인 통역관으로 보인다.

16. 조선인 통역관 / A Korean official interpreter
프랑스공사관 소속 조선인 통역관으로 보인다.

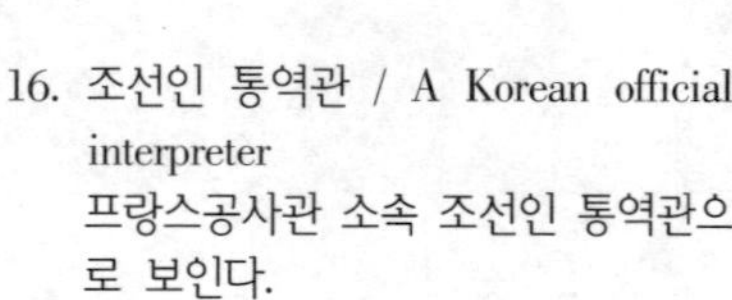

17. 모화관에서의 휴식 / A rest at the Mohwakwan
　　공사관 관계자들과 다수의 조선 사람들이 나들이 중에 모화관으로 추
　　정되는 곳에서 휴식을 취하고 있다.

18. 정동 외교 클럽 / The diplomatic club of Jeongdong
　　정동에는 여러 나라의 공사관이 자리하여 외교관들 끼리의 교류 및 조선
　　정부의 고관들과의 교류가 빈번하였다. 프랑뎅(Frandin)은 이곳에서 서양
　　의 음료와 담배를 즐기며 국제 정세를 얘기하고 향수를 달래기도 하였다.
　　중명전으로 추정하는 의견이 있기도 하다.

19. 모화관 별채 / The annex to the Mohwakwan
   프랑뎅(Frandin)과 공사관 관계자들이 나들이 중에 모화관 별채로 추정되는
   곳에서 잠시 휴식을 취하고 있다.

20. 모화관 별채 / The annex to the Mohwakwan

21. 모화관 별채에서 공사관 가족들과 함께 / The annex to the Mohwakwan
프랑뎅(Frandin)의 손에는 망원경이 들려있다.

22. 북한산 전경 / The whole view of Mt. Bukhan
북한산은 서울과 의정부·고양·양주에 걸쳐서 넓게 자리잡고 있다. 프랑뎅 (Frandin)은 '위험할 때 피할 수 있는 시설을 갖춘 곳'으로 기억하고 있다.

23. 북한산 근경 / A front view of Mt. Bukhan

사진 속의 북한산은 숲이 사라져 민둥산으로 변해 버린 모습이다. 이 당시에는
사람들이 땔감을 산에서 구하고 벌목도 성하여 급기야 고종(高宗)은 서울 근교의
산에서 벌목을 하는 사람은 중벌에 처한다고 발표하기도 하였다. 오른쪽 산위에
정자가 보인다.

24. 인왕산에서 바라 본 한강 / The Han River

25. 홍지문(弘智門) / Hongji gate
한북문(漢北門)이라고도 하며 세검정의 서쪽편에 자리하여 북한산성으로
올라가는 길목에 있었다. 이 문은 1715년(숙종 41)에 서울 도성과 북한산
성의 방어시설을 보완하기 위해 5칸 수문(水門), 서성(西城)과 함께 건립
되었다. 중국으로 가는 사신들이 마지막 인사를 하는 곳으로 아래쪽으로
는 세검천이 흐르고 있다. 1921년에 홍지문이 무너지고, 5칸 수문도 홍수
로 매몰되었다.

26. 세검정 / Seigeomjeong
경복궁 뒤쪽의 창의문 밖에 있는 정자이다. 조선에 온 외교관들이 휴일 나들이에서
거의 빠짐없이 들리는 장소이다.

27. 세검정 / Seigeomjeong
사진 25보다 늦은 시기에 촬영된 것으로 보인다.

28. 세검정 계곡 / A valley of Seigeomjeong

29. 세검정 부근의 초가 / A thatched houses at the Seigeomjeong

30. 유영 / A military camp, Mt. Bukhan fortress
　북한산성 내에는 행궁과 부속 건물 및 훈련도감 · 어영청 · 금위영 등 3군문의 유영(留營)이 설치되었으며, 이 사진은 유영의 건물로 추정된다. 프랑뎅(Frandin)은 북한산을 두 번째 방문할 때, 이 건물을 확인한 것으로 기억하고 있다.

31. 중흥사 / Jungheungsa temple, Mt. Bukhan fortress
고려시대에 창건되었다. 건물의 배치는 남북 중심축을 기준으로
좌우 대칭을 이루는 모양이다. 1904년 8월 화재로 소실되었다.

32. 북한산성 대서문 / A front view of Daeseo gate, Mt. Bukhan fortress
　　대서문(大西門)은 북한산성의 중심이 되는 문이다. 누각의 뒤쪽으로 암벽의 산이 있
　　으며, 나뭇잎과 사람들의 옷차림으로 보아 여름에 가까운 계절로 여겨진다.

33. 남한산성 남문 / The outside of south gate, Namhan fortress
1624년(인조 2) 경기도 광주 일대에 돌로 쌓은 성으로 북한산성과 함께 서울을 지키는 군사적 요충지였다. 성곽 내에는 유사시 왕이 거처할 처소인 행궁과 하궐을 마련해 두었다.

34. 남한산성 남문 / The inside of south gate, Namhan fortress
    남한산성 남문의 안쪽으로 추정되며, 누각의 현판에 진남문(晉南門)이란 글자가
    보인다. 지게를 세워두고 휴식을 취하는 사람들의 모습에서 여름에 가까운 계절임
    을 알 수 있다.

35. 남한산성 한남루 / A front view of Hannamnu, Namhan fortress
　　한남루(漢南樓)는 1798년(정조 22)에 남한산성 내에 세워진 건물이다. 이 건물은 왕이 머무는 행궁의 하궐(下闕) 앞에 자리하여 외삼문의 주 출입구이다.

36. 남한산성 수어장대 / A front view of Sueojangdae, Namhan fortress

지휘 및 관측을 위한 군사 목적에서 산성의 서쪽 봉우리인 청량산 정상에 지은 누각이다. 산성 내의 건물 중에 가장 화려하고 웅장한 모습을 자랑하며, 원래 단층 누각으로 '서장대'라고 부르던 것을 1751년(영조 27)에 2층 누각으로 증축하면서 수어장대라 하였다.

37. 화성 / Hwaseong (Suwon castle)

장안문(북문)에서 바라본 화성(華城)으로 추정되는 성곽이다.
화성은 1794년(정조 18)부터 3년간 벽돌을 사용하여 완성한
성으로 포루·적대·공심돈·각루 등의 새로운 시설을 갖추
었다. 사진 속의 성곽 뒤쪽으로 팔달산이 흐리게 보이고, 앞쪽
으로는 논밭 사이로 드문드문 집들이 자리하여 있다.

38. 새남터 가는 길 / The road to the Saenamteo
   한강 새남터는 1801년(순조 1)의 신유박해 이후 프랑스 신부들과 조선의 수
   많은 천주교도들이 처형을 당한 곳이다.

▪ 39. 새남터 가는 길 / The road to the Saenamteo

40. 왕릉 가는 길 / The road to the King's tomb
　　고양에 있는 서삼릉(인종과 인성왕후 박씨의 무덤인 효릉·중종과 장경왕후의 무덤인 희
　　릉·철종과 철인왕후 김씨의 무덤인 예릉)으로 가는 길로 추정되며, 사진 속의 인물들은 나
　　들이객의 짐을 나르는 것으로 보인다. 프랑뎅(Frandin)은 이 길을 '왕의 아버지가 묻힌 무덤
　　으로 가는 길'이라고 기억하고 있다.

제2장 19세기말 서구열강(西歐列强)의 조선 인식

Ⅰ. 구한말(舊韓末) 서구열강(西歐列强)의 대한(對韓) 인식 −프랑스를 중심으로−

홍순호(이화여대 교수)

1. 서 론

다른 열강에 비해 뒤늦게 한국과 수교한 프랑스는 다른 열강과는 달리 대한제국시기에 이르러 적극적인 외교를 전개하여 괄목할 만한 성과를 거두게 되었다. 이는 당시 대한제국을 둘러싼 국제관계가 조선왕조의 전통적인 성격과는 다른 차원으로 대외관계에서 대한제국의 완전한 주권독립국가라는 외형적인 성격 때문에, 러·일 각축 속에서도 미·영이 한국 내정에의 관여를 기피해야 하는 경향을 보이는 기회를 포착한 프랑스 외교의 기민성 때문이다.

한국사에 있어서 구한말의 시기는 근대화의 과정이다. 전통적인 왕조시대와 일제의 식민지 시대 사이에 처한 대한제국의 근대화 작업에 직·간접으로 참여하게 된 외국 세력은 일차적으로 진정한 의미에서 대한제국의 근대화를 위한 것이 아니라, 근대화를 구실로 한 국으로부터 경제적 이권을 얻으려는데 귀착된다. 그것은 러·일의 경쟁 속에서 대한의 국운이 일제에 기울어질 때, 미국을 비롯한 서구 열강들이 보여준 태도에서 여실히 읽을 수 있다.

이러한 도식에서 프랑스는 진정으로 한국의 근대화 과정에서 기

▪ 먼 나라 꼬레(Corée)

여한 바가 있는가? 한국 문제를 둘러싼 러·일 분쟁에서 가장 유리
한 입장에 있었던 프랑스는 한반도에서 어떤 이득을 얻었으며 어떤
문물제도를 한국에 심었던가? 이에 대한 해답은 아직도 풀기 어려
운 과제이다. 왜냐하면 당시의 국제관계에서 대한제국의 주권독립
이라는 사실은 사실상 무의미하거나 또는 극히 한정적인 것일 수
밖에 없었기 때문이다.[1]

근대 한국외교사는 이질적인 2개의 국제정치질서(종래 조선왕조
가 의존했던 전통적인 사대교린의 국제정치질서와 유럽의 근대적
국제정치질서)의 교체기에 속한 외교사라는 이유 때문에 독특한 성
격을 띠고 있었는데, 대한제국시대에 이르러서는 위에 언급한 2개
의 국제정치질서의 갈등과 그것을 통한 성격의 차이가 여타의 경우
와는 달리 나타나고 있다. 즉 당시의 한국 외교는 사건의 과정에 처
해 있어서도 외교교섭의 당사자로서는 매우 피동적인 태도를 보여
주었다.

따라서 대한제국의 대외적 태도는 그 자체가 구한국의 사료이며,
동시에 당시 국제관계의 중요한 자료임에도 불구하고 외교교섭이나
외교문제에 따라서는 우리 조상들이 남긴 자료가 너무나 빈약하다
는 사실에 놀라게 된다.[2]

특히 한·불 관계 외교문서는 양측 모두 대단히 빈약한 사정일
뿐만 아니라, 연구문헌이나 당대 관계인사들의 수기나 사문서에서
도 지극히 제한된 내용만 담고 있으므로 구한말의 한·불 관계연구
를 어렵게 하고 있다. 한국측 외교문서로서는 고려대학교 아세아문
제연구소에서 편찬한 『구한국외교문서』(제 19·20권, 법안 1·2)와[3]

---

1) 이 연구에서 조선 또는 한국의 표기는 '대한제국' 선포 이전까지는
   '조선'으로, 그 이후는 '대한제국'·'대한' 또는 '한국'으로 표기한다.
   또한 중국의 인명과 지명은 편의상 한국어로 표기한다.
2) 이용희 편, 『근세한국회교문서총목』, 1966, 국회도서관, 4쪽.

서울대학교 중앙도서관에 소장되어 있는 규장각,『구한국외교문서』
가4) 있는데, 이는 구한말 한·불관계 연구에 가장 중요한 자료들이
다. 프랑스측 외교문서로는 프랑스 외무성에서 편찬한『프랑스외교
문서(Documents Diplomaticques Français)』가5) 있으나 한국관계문서는
빈약한 실정이며, 프랑스 외무성이 현재 정리·소장하고 있는『미간
행외교문서(Archives Diplomatiques du Ministéres des Affaires Etrangéres de
France)』에6) 한국관계문서가 집대성되어 있어 이용에 편리하게 되어
있다.

　　최근에는 국사편찬위원회 편찬으로『한불관계자료-주불공사·파
리박람회·홍종우-』(한국근대사료집성 4)가 2001년에 나왔는데, 파
리 외무성의 미간행 외교문서인 Protocole Série A. Corée 1887~1901.

---

3) 2권으로 되어 있는『법안』은 한·국문으로 되어 있으나, 영·불문 문
　서도 상당히 수록되어 있다. 귀중한 문서임에도 불구하고 망실된 부분
　이 너무 많아 어떤 사안에 대해서는 완전하게 문서가 정리되어 있지
　않아 이용에 불편하다. 이 연구에서 인용시에는『구한국외교문서』라
　고 칭한다.
4)「규장각문서」에서 프랑스 관계문서는 1886년 한·불조약체결시부터
　1910년까지 40여 건의 문서가 보관되어 있다.
5) *Documents Diplomaticques Français* 1871~1914, *relatif anx origines de la guerre
　de* 1914는 제 1차 세계대전 관계문서로서 보통 프랑스외교문서라고
　한다. 1927~1960 프랑스외무성 간행으로 프랑스외무성 외교문서간
　행위원회편집으로 되어 있으며, 권수에 안건별 목록표가 첨부되어 있
　어 이용에 편리하고, 편집 정도가 비교적 객관적이라는 평이 있다. 동
　북아 특히 한국관계문서는 많지 않으나 삼국간섭 관계문서는 중요한
　자료이다.
6) 프랑스외무성의 미간행외교문서중에 구한국 관계는 *Etat Numérique
　des Fonds de la Correspondance Politique de 1876 á 1896, Corée*에 분류되어
　있으며, 그 이후의 문서는 Nouvelle Série로 분류되어 있는데, *Archives
　du Ministeres des Affaires Etrangéres, Corée, Politique Etrangére-Politique
　extérieure, Etrangers en Corée(1897~1898)*, N.S. 14 등이다. 이 논문에
　서 인용시에는 Archiv. Dipl.. Fr.,(N.S.)로 약칭한다.

▪ 먼 나라 꼬레(Corée)

Carton 74 등에서 발췌하여 정리한 것이다.

그러므로 이 연구에서는 양국의 문서, 특히 우리나라에서는 아직 널리 이용되지 못하고 있는 프랑스 미간행외교문서를 최대한으로 활용함으로써 대한제국 시기에 있어서 프랑스의 대한(對韓) 적극 외교의 양상을 파악하고자 한다. 또한 오늘날 한·불 관계의 원동력이 되는 역사적 요인이 무엇이고, 한말의 한국인은 프랑스 문화를 어떻게 수용하였으며 프랑스인의 대한(對韓) 인식은 어떠했던가를 밝혀 보려는 것이 이 연구의 목적이다.

또한 한·불관계 연구에서 특이하게 프랑스인들은 구한말시대 당시 주한 외국인들의 활약상을 사진에 담아 오늘날까지 잘 전해오고 있다는 사실이다. 특히 제3대 주한공사대리를 역임한 프랑뎅(H. Frandin : 1892.4.8~1894.2까지 재임)은 초기의 한·불관계 관련 사진을 많이 수집한 것으로 알려지고 있다(H. Frandin 원저, 김상희·김상은 공역,『프랑스 외교관이 본 개화기 조선』, 2002, 태학사). 법어학교장 마르뗄(E. Martel)이 내한하기 전까지는 프랑스인들의 사진은 매우 희귀했었기 때문이다.

당시 한국의 국제관계의 제상황 속에서 프랑스도 여타의 서양열강처럼 한국의 근대화에의 참여라는 미명하에 그들의 여러 가지 경제적 이권을 수탈하기 위해 한국 정부 내의 중요 관직의 획득에서 다른 열강과의 경쟁에 혈안이 되었음은 충분한 추측이 가능하다. 그러나 역사적 연구에서 추측은 크나 큰 위험을 내포하고 있으므로 이 연구에서는 활용 가능한 문헌에 입각하여 한불 관계를 재조명하자는 것이다.

2. 청일전쟁 전후의 한국과 프랑스(1886~1896)

1) 프랑스의 대조선 경제진출기도

(1) 차관도입의 실패와 한국 정부내 최초의 프랑스인

1882년 미·영·독·이·러 등의 구미열강은 1884년까지 모두 조선왕국과 외교관계를 수립하였다. 그러나 열강 중에서 프랑스만 조선과의 외교협상이 지연되었는데, 그 원인은 주로 종교상의 문제에 있었다.[7] 이밖에 또 다른 이유로는 프랑스 내정문제로서 2월 혁명의 여파, 보·불전쟁에서의 패배와 독일을 견제하기 위한 러·불 군사동맹을 추진하려는 대외정책 등을 들 수 있다. 이러한 상황에서 프랑스 제3공화국의 한반도 정책은 1866년 강화도사건으로 대한 감

---

7) 최석우, 「교회를 통한 한·불외교사」『교회와 역사』 54, 1980, 한국교회사연구소, 3쪽에서는 한·불간 종교적 접촉을 잘 개진하고 있다. 최신부의 이 논문에 의하면, 한·불간의 교섭은 종교적인 면에서 시작되었는데 1931년 교황청이 조선교구를 창설하고 조선의 포교를 파리 외방전교회(*La Mission Etrangére á Paris*)에 위임함으로써 조선에 프랑스 선교사가 파견되기에 이르렀고, 1836년 3명의 신부가 조선에 입국, 1839년에는 기해(己亥)년의 박해로 이들이 모두 희생됨으로써 이 사건은 프랑스가 조선에 간섭하게 되는 구실이 되어 프랑스 군함을 조선 해안에 파견하는 계기가 되었다. 1866년 또 조선에서 박해가 일어나 프랑스 선교사 12명중 9명이 살해되어 이때 살아 남은 Ridel 신부는 천진(天津)에 있는 프랑스함대 사령관 Roze 제독에게 보고하여 Roze는 즉시 군사적 보복을 결행하여 2차에 걸쳐 조선 원정을 단행하고 강화도까지 점령하였으나, 이 병인양요(丙寅洋擾)는 결국 조선의 승리로 끝났다. 이 연구에서는 종교적인 관점에서의 제관계는 취급하지 않았음을 미리 밝혀둔다.

정이 악화되어 있던중 한미수호통상조약 체결 이후 조선에서 선교의 자유가 보장되자, 선교의 자유와 경제적 이권 획득을 중요한 외교 목표로 하여 1886년에 이르러 본격적인 협상을 개시했다.

프랑스 정부는 협상대표로 꼬고르당(F.G. Cogordan)을 전권특사로 임명하여 그는 게랭(Guérin) 서기관을 대동하고 1886년 5월 1일에 제물포에 도착하였다. 조선왕 고종도 한성판윤 김만식과 묄렌도르프(P.G. von Möllendorff)의 후임으로 새로 고빙된 미국인 외교고문관 데니(O.N. Denny)를 협상대표로 임명하여 양국 대표는 6월 4일 조불수호통상조약을 체결하였다.[8] 예측대로 양국은 선교사 문제로 논란을 거듭한 어려운 타결 끝에 국교를 수립하게 된 것이다.[9]

조약 체결 1년이 지난 1887년 5월 30일 프랑스 외무성은 전권공사로 꼴랭 드 플랑시(Collin de Plancy, 葛林德)를 전권특사(le plénipotentiaire)로 임명하여 조선왕국과 비준서를 교환하게 했다. 그러나 그는 주조선 프랑스 정부위원이라는 직함을 갖는 영사(공사대리 겸임)로 임명되었으나 즉시 공관을 개설하지 않고 한국에서의 프랑스 권익의 대변자로서 러시아 공사 웨버(C. Waeber)에게 영사사무를 위임하고 귀국했다(1887년 6월~1888년 6월초까지).[10]

---

8) 조약에 관한 양국측의 외교문서는 모두 잘 보존되어 있다. 규장각외교문서로서 「대조선대법국조약」 개국 484년(1886. 6), 1책(18장), 체결자 : 특간전권대신 정이품 자헌대부 한성판윤 김만식, 가선대부 협판 내무부사 겸 외무당교당상 덕니(O.N. Denny) ; 불란서전권위원 과가당(F.G. Cogordan), 문서 23310 · 23311 참조.

9) 종교의 자유 문제가 수교교섭과정에서 큰 문제로 된 예는 여타의 열강과의 교섭과정과 비교하여 특이한 양상을 보여주는 대표적인 예가 한불조약이다. 최석우, op. cit.

10) 국사편찬위원회 편, 『한불관계자료』, 68쪽에서 주조선 러시아 공사 Waeber는 Paris 외무장관에게 보내는 공문에서 자신의 직함을 Chargé de la protection des intérêts Français en Corée(한국에서 프랑스 이권 보호 담당관)이라고 표기했다.

1888년 6월 6일에 귀임한 드 플랑시(de Plancy) 공사대리 겸 총영사는 임시로 서울 정동(현 창덕여중터)에 프랑스 공관(Commissariat du Gouvernment Français en Corée : 주조선 프랑스공화국 정부위원 사무소로서 공사관과 총영사관)을 개설하고 집무를 시작했다. 구한말 시대의 재경 외교관들 중에서 가장 활동적인 사람 중의 하나인 34세의 독신인 그는 1891년 6월 15일 귀국할 때까지 한국 정세와 관련하여 조선 사정을 상세히 관찰하여 조선에 대한 깊은 인식을 갖고 있었다. 특히 그는 부임초부터 조선의 민간인들과 지방 관리들이 프랑스 선교사들과 조선인 천주교 신자와의 갈등(폭행구타사건)을 해결하기 위해 1891년 3월 24일 프랑스함대 「아스픽(L'Aspic)」호(함장 Journet)를 제물포항에 불러 들였다. 또한 그는 프랑스 외교가 조선 반도에서의 열강간의 각축 과정에서 상당한 한계가 있음을 인식함으로써 대조선 외교가 탄력있고 시의적절하게 대처할 수 있도록 전력을 다했다. 드 플랑시(de Plancy)는 파리 동양어학교에서 수학하고 중국에서 10년간 북경주재 프랑스공사관에서 근무했으므로 조선의 국제적 지위와 중국과의 조공관계도 잘 알고 있었으나, 조선을 프랑스와 동등한 입장으로 보았다.[11]

당시 정치적으로나 경제적으로 청국의 주조선총리 원세개의 세력이 기정 사실화되어 있었고, 프랑스보다 일찍이 수교한 미·러·영의 이권 획책이 현저한 상황에서 프랑스는 수교 초기에 관망하는 상태에서 경제적 이권 획득의 기회를 찾고 있었다. 1890년 조선 정

---

11) *Archiv. Dipl. Fr.*,(le 13 juin 1888)에는 그가 부임 초부터 1891년까지 파리외무성 Léopold-Emile Floueres 장관에게 보낸 최초의 보고서에는 조선의 내외사정, 특히 원세개 등의 동향, 주조선열강외교관들의 활동에 관해 상세히 기록되어 있으며, 프랑스의 대조선정책으로 프랑스 선교사와 신부들의 선교활동 보호에 대해 여러 갈등 관계가 그려져 있다.

부가 국가재정의 악화로 정부내 고용한 외국인들의 봉급도 지불하지 못하고 있음을 간파한 드 플랑시(de Plancy)는 조선 정부 고위관리에 접근하여 차관도입을 알선하고, 그 대가로 프랑스의 경제적 이익을 도모하려고 했다. 그는 200만 피아스터(Mexican dollar : 800 프랑)를 상해에 있는 프랑스 은행(le Comptoir d'Escompte)으로부터 조선 정부에게 년 7~8%의 이자로 차관해 주려고 노력했으나, 은행측의 기술적인 미숙으로 이 차관도입 계획은 실패했다.

드 플랑시(de Plancy)는 1889년 5월 12일자로 그의 본국 외무장관(Jacque-Eugene Spuller)에게 보낸 보고서에서 "이 차관도입이 성공한다면, 조선에서의 프랑스의 영향력 행사를 위해 훌륭한 기회가 될 것"이라고 쓰고 있다.[12] 특히 드 플랑시는 당시 조선의 해관사무·우정사무·광산기사 초빙 등 다방면으로 외국인이 고용되고 있음에 큰 관심을 갖고 상해에 거주하고 있는 프랑스인 건축기사를 조선 정부에 고빙하도록 외교교섭을 벌려 1889년 초에 쌀르베르(M.Salebelle)를 추천하여 근무하도록 했다.

실제에 있어서 프랑스인의 재조선 활동은 수교 초기에는 카톨릭 선교사들로 제한된 것처럼 극소수 인원에 불과했는데, 선교사 이외에 최초로 내한한 사람은 1883년 고종의 외교고문 겸 내무협판총세무사로 부임한 묄렌도르프의 초청으로 세관리에 임명된 라뽀르트(E. Laporte)로서, 그는 드 플랑시의 외교교섭으로 묄렌도르프가 해직된 후에도 세관리로서 계속 제물포·부산 등에서 1906년까지 20년간 한국에서 근무했다.[13]

---

12) *ibid.*, No 57(le 12 Mai 1889).
13) ibid. M. Salebelle의 고빙 과정과 그의 편력·근무조건·시간 등에 관한 자세한 기록이 없으나, Collin de Plancy가 고종과의 알현에서 이미 1888년 12월 Salebelle의 고빙을 확약받은 바 있으며(ibid., No. 34, 1888. 12. 10), 이때 고종은 프랑스의 군대·무기제조 등에 큰 관심을 나타

(2) 프랑뎅(H. Frandin)의 갈등외교 - 한 · 불간 종교적 갈등

프랑스 외무성은 대한 정책을 실현하기 위해서는 가능한 한 많은 프랑스인들이 조선 정부에 고빙되도록 추진하여 그들의 경제적 이권 취득의 앞잡이로 활용하려는 것으로 정책을 굳히고, 드 플랑시를 본국으로 불러 구체적인 대한 정책을 타진하였다(그는 1891년 5월 23일 E.Rocher 영사에게 공사대리를 맡기고 6월 19일 주일본공사관 1등서기관으로 전임되었다. 1896년 4월 27일 주한프랑스 전권대리공사로 승진하여 다시 부임했다). 프랑스 정부는 후임으로 프랑뎅(Frandin)을 공사대리로 임명, 1892년 4월 8일 부임했으나 그는 1894년 2월 모친상을 당해 귀국 후 다시 돌아오지 않았다.

제2대 주조선 프랑스 공관장인 로쉐는 같은 해 11월 18일 다시 본국으로 전임발령을 받아 1892년 2월 귀국했다(그의 출국일자는 감기로 지연되었다). 3대 공사대리로 부임한 프랑뎅(Frandin)은 그간 빈번한 주조선 프랑스 공관장의 교체로 침체해 있었던 프랑스의 대조선 외교에 활기를 띠는 듯했다. 그러나 수교 후 초창기 프랑스 선교사들과 조선의 지방관과 백성들 사이에 벌어진 불미스런 종교상의 충돌 사건으로 양국간의 갈등이 고조되고 있었다. 즉 조약체결에 의한 천주교 사건으로 비화됨으로써 드 플랑시 공사대리 부임 이후 프랑뎅(Frandin)의 부임 후에도 끊임 없이 갈등이 빚어지고 있었으므로 프랑뎅(Frandin)은 부임 초부터 이런 사건 해결을 위해 조선 정부에 항의와 소송 등에 휘말리게 되었다.

냈다고 보고서에 쓰고 있다. 고종의 이러한 소망은 1900년을 전후해서 모두 이루어진다. Horace N. Allen, *A Chorological Index, some of the chief in the foreign intercourse of Korea, from the beginning of the Christian era to the 21th C., Seoul.*, 1901. 12쪽 및 59쪽 참조.

프랑뎅(Frandin)은 독실한 천주교 신자로서 천주교 조선교구장 뮈텔(Gustav Muttel) 주교와 친밀하게 지냈으며, 교회에도 자주 헌금했다. 1892년 5월 8일에는 종현성당(현 명동성당) 머릿돌 축성미사에도 참석했으며, 미사 후 당시 조선에서 활동중인 프랑스 선교사 20명과 일본인 사진사를 불러 기념사진을 찍은 것은 유명한 기록으로 남아있다. 9월 23일에는 궁궐에서 공식적인 리셉션에서 훈장을 많이 달고 참석하여 고종의 눈길을 끌었으며 그 후 주조선 외교단 연회에서 연설하기도 했다(한국교회사연구소 역, 『뮈텔일기』, 천주교 명동교회, 1892. 5. 8일자, 35～36쪽).

고종은 프랑뎅(Frandin)에게 많은 기대를 걸고 있었으나, 당시의 한불 외교는 주로 종교상의 갈등 문제로 인한 양국 상호인식에 악영향을 끼치고 있었던 시기였으므로 조선 측에서는 당연히 프랑스 외교관에 대해 곱지 않은 시선을 보내고 있었다. 따라서 프랑뎅(Frandin) 공사대리는 조선 정부와의 우호적인 외교 활동에서 상당한 제약이 있었다. 그는 조선의 민간인 및 지방 관원들과 천주교 신자 및 선교사들과의 충돌사건을 방지하기 위해 주조선 외교단과 회동하고, 특히 영국 총영사 힐리어(Hillier)·미국공사 허드·독일 총영사 대리 크린 등의 동의도 받아냈으나, 조선 정부로부터는 어떤 확실한 답변도 얻어내지 못했다. 그것은 프랑스 측의 과오도 있으며 양국의 큰 오해의 차이이기 때문이었다.

프랑뎅(Frandin)은 그의 모친상을 당해 1894년 3월 1일부터 3개월간의 휴가를 얻고 귀국했으나, 9월 1일 마르세이유 항에서 승선 예정통보가 있었음에도 불구하고 10월 10일자의 프랑뎅(Frandin)의 편지에는 귀임 몇주일을 더 연장한다는 것이었는데 그 후 그는 다시 서울에 귀임하지 않았다. 그 이유는 밝혀져 있지 않으나, 당시 고종은 주조선 프랑스 공관장의 빈번한 교체에 대해 불만이 많았다고 한다. 『뮈텔일기』에 의하면, 프랑스 정부가 가능한 한 빨리 전권공사를 파견해 주었으면 기쁘겠다고 표명했다는 것이며, 고종은 그의 곁에 보다 높은 직책의 프랑스 대표를 두고 싶다고 알렸다는 것이다. 특히 실질적으로 능력있는 사람을 원하는데 프랑뎅(Frandin)은 절대적으로 능력이 부족하며 이미 신용을 잃었다고 한다(『뮈텔일기』(I) 365쪽 참조).

(3) 대한(對韓) 적극외교의 기반
－ 경의선철도부설권 획득과 Maurice Courant

르페브르 서기관(G. Lefévre : Chargé d'affaires, 공사대리)는 1895년 10월 5일 조선 정부의 외국어학교 관제 공포(5월 13일 시행)에 따라 설립된 법어학교 교장 겸 교사에 마르뗄(Emile Martel)을 추천하여 임명하게 했다. 법어학교와 마르뗄에 관하여는 다음장에서 상론한다. 프랑스의 대한 정책에 관한 구체적인 계획을 가지고 다시 부임한 드 플랑시 대리공사는 프랑스 자본을 끌어 들여 그리유(A. Fives Grille)를 대표로 하는 피브 그리유(Cie Fives-Grille) 상사를 설립하게 하여 광산지질조사ㆍ철도부설권획득 계획을 추진했는데, 특히 그는 1894년에 조직된 정동구락부를 통해 김병시ㆍ박정양ㆍ이완용 등 조선 정부의 고관들과 우의를 두텁게 하고, 고종에게 환심을 사면서 데니의 후임으로 외교고문이 된 친불 미국퇴역장군인 르장드르(Charles W. Legendre)의 도움을 얻어 프랑스의 그리유 상사로 하여금 경의선 부설권을 획득함으로써 일본은 물론 열강을 깜짝 놀라게 했다.

당시 프랑스의 경의선부설권 획득은 러시아가 때마침 진행 중이던 시베리아 횡단철도 부설과 관련하여, 특히 프랑스는 1891년

러·불 군사동맹을 체결하여 결속되어 있었던 상황이었으므로 많은 억측이 나돌았다. 1896년 7월 3일 외부대신 이완용과 농상공부대신 조병직이 프랑스인 그리유와 체결한 「경의철도합동작초건」은 그후 프랑스 측이 철도운영참여·광산채굴권 등 엄청난 다른 경제적 이권과 교환하는 조건으로 1899년 7월 8일 대한철도회사와 일본자본가(1903년 9월 8일)에게 넘겼다.

이와 같이 한국에서 외교 기반을 닦은 프랑스의 대한 외교는 1896년 4월 27일 꼴랭 드 플랑시 대리공사의 귀임과 함께 더욱 활발해 지는데, 이미 1년 전부터 신축 중이던 프랑스공사관 건물(현재 서대문구 합동 소재)은 드 플랑시의 귀국과 함께 완공을 보게 되어 주한 프랑스 외교관들의 사기를 드높혀 주었다. 결국 프랑스의 대한 외교는 프랑스 국민의 한국관직에의 임용교섭으로 세관리·건축기사·법어학교장에 고빙되는데 성공했을 뿐만 아니라, 프랑스 상사를 설립하여 프랑스 자본의 대한 경제진출을 도모하여 경의선철도 부설 허가를 받아내는 등 활발한 움직임을 보여줌으로써 그들의 제국주의적 경제침략의 일보를 딛게 되었다.

본 절을 마치기 전에 청일전쟁을 전후한 프랑스의 대한 정책에서 빼놓을 수 없는 중요한 사실은 프랑스의 적극적인 한국 진출에 간접적인 기반이 되는 대한 문화정책에서 찾아 볼 수 있다.[14] 프랑스 외

---

14) Courant의 내한 이전에도 이미 프랑스 선교사들은 조선의 역사·언어·동물·식물 등을 연구하였는데, 이러한 귀중한 연구 결과도 1866년의 박해로 모두 사라졌다. 그러나 그들이 남긴 서한을 토대로 하여 Charles Dallet 신부는 『*Historie de L' Eglise de Corée*』(1874, Paris)의 서설에서 조선을 체계적으로 최초로 소개했으며, 또한 1866년의 박해에서 살아 남은 3명의 선교사들은 순교한 동료 신부들의 연구를 이어 받아 조선어에 관한 사전과 문법을 편찬하여 1880년에는 『한불사전(*Le Dictionnaire Coréen-Français*)』를, 다음해에는 『한어문전(*Grammaire Coréenne*)』을 발간하기에 이르렀다. 이것은 모두 서구식 방법을 따른 최초의 사

무성은 한국의 문헌을 조사·연구하게 하기 위해 동양학 전문가인 모리스 꾸랑(Maurice Courant)을 1890년 5월 23일부터 1892년 2월 11일까지 주한프랑스공사관의 서기관서리로 임명했다. 그의 『조선서지(La Bibligraphie Coréenne)』는 그가 동경의 프랑스공사관으로 전임된 후 1894년부터 1896년에 걸쳐 3권을 낸 후에도 연구를 계속하여 본국에 귀국한 후인 1901년 그 「보유」편(Supplement á la Biblographie Coréenne)를 냄으로써 모두 4권을 완성했다. 이 『조선서지』는 앙리·꼬르디에의 『중국서지(Henri Cordier, Bibliotheco Shinica, 4 vol, Paris, 1904~8, Supplement 1922~24)』 및 오스카 나호스트의 『일본서지(Biblographie von Japan, 2Bde, Leipzig, 1929)』와 더불어 서양인의 동양서지학상 하나의 금자탑을 이루게 한 불후의 노작이다.[15]

1900년 꾸랑은 만국박람회 한국대표단의 일원으로 현지에서 합류하여 대한제국(大韓帝國)의 이 박람회 참가에 많은 공헌을 하기도 했다. 이러한 공로가 인정되어 그는 고종황제로부터 1901년 5월 26일 사등팔봉훈장을 수여받았다.

전이요 문법서라는데 역사적 의의가 있다. 최석우, op. cit. 참조.

15) Maurice Courant은 1885년 10월 12일 Paris 출생으로 Sorbonne 대학 부속 동양어학교(L'école des langues orientales vivantes) 중국어 및 일본어과를 나온 후 외무성에 들어가 통역관이 되었다. 그는 25세의 젊은 나이로 주한프랑스영사관에 부임하였고, 1899년 외무성을 떠나 동양학에 전념하여 1912년 Lyon대학 문학부에서 『중국고전음악사고 — 부 조선음악에 대하여 — 』라는 논문으로 문학박사학위를 받았으며, 오늘에 이르기까지 이 분야의 권위가 인정되고 있다. 그는 Paris 국립도서관 소장의 중·일 관계도서의 분류목록작성의 대업을 위촉받고 중국 관계를 1900~1912년에 완성·출간하였으며, Lyon대학 교수, 아카데미 회원, 중불협회장을 역임하고 1919년에는 극동 방문길에 올라 27년만에 서울을 다시 다녀갔다고 한다.

▪ 먼 나라 꼬레(Corée)

2) 한국의 대불(對佛) 외교와 한인의 도불(渡佛) 유학

(1) 주불공사 임명 및 최초의 프랑스 육군사관생도 이위종

한불조약 체결이후 조선 정부의 대외정책은 프랑스에 대하여 특별한 외교 활동이 없었다. 당시 한반도를 둘러싼 국제관계로 보아 이러한 상황은 당연하다 할 수 있다. 조선 정부가 최초로 프랑스에 주재공사를 임명한 것은 한불수호통상조약의 비준서를 교환 후, 1887년 8월 18일 박정양을 주미공사에, 심상학을 주영·독·오·불 겸임전권대사로 임명했으나 부임도 하기 전에 무슨 이유인지는 알려지지 않고 있으나 11월 17일 심상학을 조신희로 대치하였다.

그런데 조선 정부의 외교사절 파견에 관한 소식에 접한 청국의 북양대신 이홍장은 주조선총리 원세개를 통하여 11월 10일 조선의 외교사절 파견을 속방으로의 조건부로 승인함으로써 구미열강의 외교관들을 깜짝 놀라게 하였다.16) 이 문제에 대하여 초대 주조선 프랑스 총영사 겸 공사대리인 꼴랭 드 플랑시는 1888년 6월 서울에 부임한 후 처음으로 발송하는 보고서에서 전통적인 한중 관계를 기술하고 있다. 특히 당시 조선 정부는 인아거청정책으로 전환하는 과정에 있었는데 9월 19일자 London에서 발행되는 「The Times」의 보도(a paragraph stating that a treaty has been concluded between Russia and Korea, providing for a Russian Protectorate)17) 때문에 주조선러시아공사 웨버와 청국총리 원세개 사이에 갈등이 심화되고 있는 상황에서 드 플랑시 총영사는 프랑스의 대처 방안을 본국 정부에 문의하는 중이었다.

이러한 시기에 주유럽 5국 전권공사로 임명된 조신희는 출국하여

---

16) Archiv. Dipl. fr., op. cit,. No. 2 (le 13 juij 1888).
17) *ibid*, No. 33 (le 6 déc. 1888).

1890년 귀국할 때까지 유럽에는 부임하지 않고 홍콩에서 2년간 머물렀다. 이에 관하여 빠리의 동양전문가인 레가미(Félix Régamy)는 「퉁파오(T'oung Pao, 通報)」지의 한 기사에서 조신희가 영국과 중국의 밀약 때문에 신병을 구실로 2년간 홍콩에서 연금되고 있었다고 분석한다.18)

조신희의 귀국 후 조선 정부는 1890년 2월 2일 박제순을, 1897년 1월 11일 민영환을 전기한 유럽 5국 전권공사로 임명했으나, 이들도 역시 부임하지 못했다. 이와 같이 전권공사를 임명하고서도 임지에 부임할 수 없었던 것이 국내 재정사정의 악화 때문이라는 것은 재론의 여지도 없다.

최초로 주불공사로 부임한 한국의 외교관은 민영익이며, 그후 1899년 3월 20일에는 이범진이 러시아·프랑스·오스트리아 겸임 공사로 임명되어 1900년 4월 24일 파리에 주불대한제국공사관을 설립했다. 그는 Paris 부임시 그의 막내 아들 위종과 함께 체불하게 되는 기회에 이위종을 프랑스의 장송 드 랄리(Lyceé Janson de Lally) 중학교에 입학시켰다. 졸업 후 그는 프랑스 쌩시르 육군사관학교(Ecole Militaire de St. Syr)에 입학, 2년을 마치고 주불공사서기관으로 임명되었다. 1901년 3월 20일에는 김만수가 주불공사로 임명되어 7월 10일 임지에 부임했으며, 1902년 4월 19일에는 민영찬이 주불·벨지

---

18) 한말 한국외교관의 임명 일자에 대하여는 H. N. Allen, *op. cit.* 참조. 이 위종에 대한 문헌은 희귀하다. 「The Independent」지 1907년 8월호에 그의 이력이 간략하게 소개되어 있다. 프랑스 St. Syr 육군사관학교의 입교 경위에 대하여는 Archiv. Dipl. Fr., *op. cit,. Rapport No. 87, Proposition du gt. Coréen, Nagasaki, le 29 avril 1900, Légation de la R. F. en Chine et en Corée. L'attaché Militaire, Le Commandant Vidal á M. le Ministre de la guerre.* 홍종우에 대하여는 「T'oung Pao」, Vol. 5, 260~271쪽에 실린 Fléix Régamy의 글을 기초로 쓴 김영건, 「홍종우에 관한 자료」(민태완, 『김옥균 전기』, 1969, 146~159쪽 참조).

움 겸임공사로 부임했다.

1887년 한불수호통상조약이 비준된 후, 조선은 프랑스와의 대등한 외교를 전개하기 위해 형식적이나마 노력한 흔적은 뚜렷하나, 국가재정이 외채에 시달려 정부에서 고빙한 외국인들에게 봉급도 제대로 지급하지 못하는 상황에서 재외공관 유지를 위한 최소한의 자금도 없이 주재국에 신임장 제정을 비롯한 의전적 행사 외에 외교활동을 재대로 할 수 없었던 것이 당시의 실정이었다. 이러한 사정은 규장각의 『구한국외교문서』에도 그대로 반영되어 별다른 외교활동의 흔적을 찾아보기 어렵다.[19]

(2) 최초의 도불(渡佛) 한국유학생들

한국인으로서 최초로 프랑스에 유학한 사람이 누구인가라는 문제는 흥미있는 문제인데, 1890년 2월 19일 민종묵 외무독판이 주한 프랑스총영사(겸 공사대리) 꼴랭 드 플랑시로부터 접수한 외교문서에 의하면 프랑스에 유학중인 15명의 한국학생 중 강지영(姜芝英 : 23세)이 병으로 귀국 중 상해에서 2월 15일 중국 선박편으로 인천에 도착할 예정이라는 통보가 있다.[20] 따라서 한불조약 후 이미 상당수의 조선인이 프랑스에 유학했음은 틀림없는 사실이다. 또한 1892년

---

19) 규장각 소장, 『구한국외교문서』에서 주불대한공사관과 본국 외부와의 외교문서로서는 『주법비래법안』 외부(조선)편, 95년(1901~1905) 1책, 인 ; [대한주법특명전권공사문장, 대한국특명전권공사지인](국한문혼용), 문서 18065가 있다.
20) 『구한국외교문서』, 법안(1), 232, 「법국유학한국학생귀국허용의뢰의건」 승 4책, 100쪽. 이 문서 이외에 이 사건에 관한 여하한 문서나 자료도 없으므로 15명의 한국학생들이 언제 어떠한 경로로 프랑스에 유학하였는지에 대해서는 전혀 알길이 없다.

7월 12일 꼴랭 드 플랑시의 후임인 제3대 주조선프랑스공사대리 프랑뎅(Hippolyte Frandin, 法蘭亭)이 민종묵 외무독판에 보낸 문서에서는 프랑스로부터 귀국한 6명의 한국유학생에 대한 여행지시를 의뢰하고 있다.[21]

그러나 이들이 프랑스에서 무엇을 했으며, 어떤 경로로 유학하게 되었는지에 대해서는 프랑스 문서에서도 전혀 언급되어 있지 않으므로 이들의 귀국 후의 행적에 대해서도 알 길이 없다. 여하간 1890년대를 전후하여 상당수의 한국 청년들이 프랑스에 유학한 것만은 사실이나 이들에 대한 추적이 불가능한 것은 유감스러운 일이다.

(3) 홍종우의 Paris에서의 활동

한국인으로 최초로 유럽으로 법을 공부하러 간 사람은 홍종우(1854~1910)였을 지도 모른다고 한다.[22] 1887년에 외무독판 김윤식이 발행한 그의 여권에는 딸 하나를 둔 기혼으로 사족계급 출신이라는 신분이 밝혀져 있으며 그의 프랑스 여행 목적이 법률공부를 위함이라고 적혀 있었는데, 그는 일본에서 유력한 개화사상가 이타가끼(板垣退助)와 친해 그의 끌레망소(Clémenceau)에게 보내는 추천장과 서울에서 어떤 프랑스 신부가 조선주교로 임명된 뮈텔(Muttel) 앞으로 써준 소개장을 휴대하고 갓을 쓴 모습으로 1890년 12월 24

---

21) ibid., 437. 「귀국한 법국유학생에 대한 여행지시 의뢰의 건」(승 5책), [發] 법국공사 법란정 [受] 독판교섭통상사무 민종묵, 고종 29년 6월 19일, 서기 1892년 7월 12일, 187쪽.
22) 최종고, 『법사와 법사상』, 1980, 박영사, 428쪽 및 『한국의 서양법 수용사』, 1982, 박영사, 32쪽 참조. 이 밖에 홍종우에 관한 논문으로 이옥, 「한말의 자유주의자 홍종우 ― 빠리에 있는 몇가지 자료를 중심으로」, 『신동아』, 1968년 1월호, 294~301쪽 및 주 20) 참조.

일 빠리에 도착했다. 그가 여권에 명시된 대로 빠리에서 법률을 공부했다는 흔적은 발견되지 않고 있으나, 그는 빠리에서 자유주의를 배우고 체험하면서 한국의 역사와 문화·정세 등을 프랑스인들에게 알렸다는 사실은 분명한 것 같다.

현재까지 알려진 홍종우에 관한 사실을 종합·요약하면, 그는 프랑스 신부들의 영향으로 프랑스 여행을 계획하여 1888년 한국을 떠나 1890년 빠리에 도착하기까지 만 2년간의 일본 체류를 거쳐 당초의 계획대로 빠리로 떠났다는 것이다. 그는 빠리에 도착한 뒤 소개장을 들고 빠리 외방전교회의 뮈텔 주교를 찾았으나, 이미 한국으로 떠난 다음이었으므로 일본 북부의 선교사인 뮤가뷔르(Mugabure) 신부의 도움을 얻어 처음에는 이 전교회 근처인 뜌렌느가(Rue de Turenne), 그 뒤에는 솔본느대학 근처인 쎄르빵트가(Rue de Serpente)에서 지냈다. 특히 로아송 신부는 홍종우에게 많은 도움을 주었다고 한다.

그는 빠리의 저명인사들로 조직된 '여행자의 모임(Reunion des Voyageurs)'에 초대하여 행한 연설에서 "나는 개화된 나라들을 여행하며 배우기 위하여 3년 전에 나의 나라를 떠났습니다. 3년 전에는 또 우리나라가 프랑스와 정식 관계를 갖기 시작했습니다. 그러나 나의 나라의 국민들은 세계에서 일어나고 있는 일을 모르고 있으며, 또 그를 위협하고 있는 위험을 거의 깨닫지 못하고 있습니다. 이웃의 강국에 둘러싸인 우리나라 정세는 매우 위태롭습니다. 나는 유럽 문명을 채택하는 것 밖에는 다른 구출의 도리는 없다고 생각합니다. 일본에서의 오랜 나의 체류는 나의 이 생각을 더욱 확고부동하게 하였습니다"라고 말했다.[23] 그의 이러한 자유주의적 개화사상은 그가 프랑스를 떠난 후(1893년 7월 23일) 일본을 거쳐 상해에서 김옥균을 암살했다는 사실(1894년 3월 27일)과 관련하여 큰 논란의 대

---

23) 이옥, op. cit. 206쪽에서 재인용.

상이 되고 있다.

그는 '여행자의 모임'에서의 기회를 이용하여 한국의 역사와 당시의 실정을 알리고, 특히 『춘향전』·『심청전』 등을 종합 번역한 『고춘목(枯春木, Le Bois Secrefleuri)』이라는 소설을 발표하고 그가 떠난 다음 1895년 빠리에서 간행하였으며, 이에 앞서 1892년에는 당시 이름있는 소설가 로니(J.H. Rosny)의 번안으로 된 『춘향전(Printemps Parfumé)』이라는 소설을 냈으며, 1897년에는 당시의 저명한 동양학자인 슈발리에(Chevalier)와의 공저로 『점성과 운수에 관한 안내서(Guide pour render propice l'étoile, qui garde chaque homme et pour connâitre les destines de l'année)』라는 소책자를 빠리의 유명한 동양박물관인 기메박물관(Musée Guimet)의 간행으로 출판했다.[24]

홍종우의 빠리에서의 활동은 여기에서 그치지 않은 것으로 평가되므로 당시의 한불 문화교류의 사정으로 보아 그의 공적은 결코 과소 평가되어서는 안된다.

3. 프랑스의 대한(對韓) 적극 외교 및 재한(在韓) 프랑스인의 활동(1897~1910)

1) 한반도에서의 러·일 각축에 직면한 프랑스의 대한(對韓) 정책(1897~1904)

(1) 러시아 고문정치시기의 드 플랑시(de Plancy) 공사의 적극 외교

프랑스의 대한 정책을 언급하기 전에 먼저 19세기말 프랑스 외교의 성격을 통해 그 특질을 인식할 필요가 있을 것 같다. 먼저 프랑

---

24) *ibid*, 300~301쪽.

스 외교는 자유자본주의가 독립자본주의로 이행한 시기(1880~1900)에는 식민지 획득을 적극적으로 수행했으며, 그 외교도 제국주의적 색채를 띠었다. 다음으로 프랑스 외교의 중점은 대륙정책에 치중되어 그 대외관계는 대체로 대독 관계를 중심으로 전개되었다. 특히 비스마르크시대(Bismark, 1887~1890)에는 그의 외교적 수완 때문에 프랑스는 국제적으로 고립되었으나, 그의 사임을 전후하여 러·불 양국은 급속히 가까워졌고 마침내 러불 동맹(1891~1903)을 체결하기에 이르렀다. 이는 대독 복수전에 대비한 프랑스 외교의 포석이며, 이때부터 프랑스 외교는 국제적 고립으로부터 벗어나기 시작했다. 끝으로 프랑스는 군소 정당의 분립으로 내각의 경질이 빈번했으므로 그 외교는 내정의 영향을 받아 강력하고도 일관성 있는 정책이 되지 못했다. 특히 보불전쟁 후 10여 년간의 프랑스 외교는 소극적이었다는 특질을 나타내고 있다.

이러한 프랑스 외교는 대한 정책에 있어서 한불조약 체결 후부터 청일전쟁 후 삼국간섭에 이르기까지 유럽 열강과의 국제정치적 맥락에서 보조를 같이함으로써 적극적인 외교자세를 보이는 것 같지 않았다. 그러나 실제에 있어서 프랑스의 대한 정책의 구체적인 계획은 이미 드 플랑시(de Plancy) 공사대리(1891년 6월 귀국)가 당시 빠리 외무성에서 리보(Allexandre-Félix-Joséph Ribot, 1890~1893년까지 재임) 장관과 만난 자리에서 확정한 바 있으나, 그후 1894년 5월 30일 오나또(Aalbert-Auguste-Gabriel Honataurx) 장관이 임명될 때까지 장관의 빈번한 교체는 일관된 대한 정책을 추진할 수 없었던 것이다.

그러나 프랑스는 청일 전쟁에서 대한 중립정책을 견지함으로써 1895년 4월 17일 시모노세키조약을 조인한 지 불과 6일만에 러시아가 주동이 되어 주일 독일공사와 프랑스공사에게 제의한 삼국간섭의 일원국이 되어 한반도 정책에 큰 변화를 가져올 수 있게 했다.

프랑스는 러불 동맹을 확고히 한다는 의미에서 삼국간섭에 참여하였으나, 삼국간섭에서 열세를 드러낸 일본 독점의 한국 정부에게 프랑스의 영향력을 행사하기를 원했던 것이다.

특히 아관파천(1896년 2월 11일~1897년 2월 20일) 이후 한국 문제에 관한 소위 경성의정서라 불리는 Waeber-소촌(小村)각서(1896년 5월 14일)와 Moscow의정서라 명명된 Lobanov-산현(山縣)의정서(1896년 6월 9일)가 모두 일본이 불리한 상황에서 맺어지고, 이러한 상태는 1898년 4월 25일 동경에서 조인되는 서(西)-Rosen 협정에까지 계속되었다.

이러한 상황 변화에 대처해서 프랑스의 대한 적극외교가 러시아의 비호하에 점차적으로 구체화된다. 앞에서 언급한 바와 같이 1896년 4월 27일 프랑스는 주한공관을 총영사관에서 공사관으로 승격시키면서 꼴랭 드 플랑시를 전권 대리공사로 임명했다. 이때 고종은 러시아공사관에 파천되어 있었으므로 드 플랑시 대리공사는 수시로 고종을 알현하면서 고종을 위문했다는 것이다.

한편 친러내각으로 구성(1986년 2월 13일 총리대신 김병시)된 당시의 한국 정부는 러시아에게 막대한 경제적 이권을 허용하면서 정부내 중요직(고문관)에 러시아인을 고빙하였다. 전장에서 언급한 바와 같이 프랑스가 경의선철도부설권을 따내는 것이 바로 이 시기인 것이다(7월 3일).

아관파천 후 고종은 불안한 정세 속에서 한국 문제로 야기되는 러일 각축을 보게됨으로써 주한외교사절 중에서 중립적인 외교관을 찾고 있었다. 이는 러일공사와의 접촉이 양측 모두에게 신경을 자극하기 때문이었다. 드 플랑시 대리공사는 1897년 4월부터 적극적으로 고종에게 접근하게 되는데, 고종은 프랑스 만이 중립적인 견지에서 한국을 보호해 줄 수 있다고 생각했다. 드 플랑시는 「한국왕, 프

▪ 먼 나라 꼬레(Corée)

랑스의 보호요청」이라는 제목으로 1897년 4월 5일, 16일자로 그의
본국 외무장관 오나또에게 한국 정부에 관한 상세한 보고서를 발송
했다.25) 그러나 프랑스는 러일 분쟁의 와중에서 러시아와의 동맹관
계, 일본에 대한 중립 의지를 나타내기 위해서도 고종의 요청에 구
체적인 대책을 마련할 수 없었다.

(2) 서(西)-Rosen 협정과 프랑스 외교의 영향력 증대

1897년 10월 12일 조선은 국호를 대한제국으로 고치고, 고종은 황
제 즉위식을 통해 대한제국을 선포하였으며, 13일에는 박정양을 총
리대신으로 하는 새 내각이 구성되었다. 강만길의 「대한제국의 외
세」(『한국근대사』, 1984)에 의하면, 이 시기는 친러·친미적인 성향
을 가졌던 소위 정동파를 중심으로 하는 새 내각이 성립되어 개혁
이 중단되고, 러·미·불·영·일 등에 의한 이권 쟁탈이 본격화된
시기라는 것이다.

한국 정세에 대한 이러한 일대 변혁에 대하여 드 플랑시 대리공사
는 1897년 10월 8일 오나또 외무장관에게 한국의 정세라는 보고서를
발송하고 프랑스가 대처할 대한 정책의 구체적인 훈령을 촉구했다.26)
특히 이 보고서에서 드 플랑시는 당시 한국인들의 외국인(러시아의
고문정치와 일본인들의 경제활동)에 대한 감정이 좋지 않으므로 앞

---

25) Aichiv. Dip. Fr., op. cit, N.S.13, No. 70 á Honataux, Ministre des affaires é
 tr. de Paris de Collin de Plancy, Séoul, le 5 avril 1897, *"Audience spéciale
 accordée á M. Collin de Plancy-Le Roi Sollicite la Protection de la France"*, 2~6쪽 ;
 le 16 avril 1897, au sujet de la protection sollicitée par la Corée, 7~9쪽. 한국교
 회사연구소 역, 『뮈텔주교일기』(Ⅱ), 1897년 4월 2일, 151~159쪽 참조.
26) *ibid*, No. 98, Honataux de Collin de Plancy, le 8 oct, Direction Politique le
 15 nov. 1899, *"Situation en Corée"*, 40쪽.

으로 러시아의 후퇴 가능성과 일본의 정치적인 재진출을 예견하면서 프랑스의 입장은 광산채굴권의 획득과 가능한 한 많은 프랑스인들이 한국정부요직(기술분야)에 고빙되도록 노력할 것임을 시사했다.

　드 플랑시의 예측처럼 1898년 4월 25일에는 서(西)-Rosen 협정이 조인됨으로써 앞으로 일본과 러시아는 상호간에 한국의 내정 문제에 있어서의 직접적인 간섭을 하지 않을 것을 약정했기 때문에 일본은 점차적으로 한국의 경제·사회·군사 부분 등의 다방면에 걸쳐 진출을 획책하고 있는 반면에, 러시아 측에서는 한국 정부에 임명되어 막강한 권력 행사를 하고 있는 러시아 고문관들이 철수하기 시작했다. 따라서 이 시기부터 프랑스는 한반도에서 어떻게 러시아 세력이 물러나는 자리에 대역으로 군림하는가에 대한 총력적인 적극적 외교자세를 보이기 시작했다. 그러므로 드 플랑시(de Plancy) 공사대리는 외교교섭에 유리한 위치를 차지하기 위해 한불 유대강화에 노력하면서 한국의 대유럽 외교를 적극 지원한다는 의지를 고종황제에게 알현할 때마다 강조하면서 그 실례로서 빠리에 대한제국 명예총영사관 설립을 권유했다. 결국 그의 끈질긴 외교교섭으로 1897년 6월 18일 고종황제는 이를 승인하여 룰리나(Roulina, Paris의 rue de Laffayette 거주 보석상인)를 추천·임명하게 했으며,[27] 1898년 9월 8일에는 영불 해협에 접해 있는 프랑스의 항구도시인 르 아브르(Le Havre) 거주 오디네(Odinet)를 주 르 아브르 대한제국 명예총영사로 추천하여 대한정부의 승인을 얻어냈다.[28]

　프랑스에서 명예총영사관 설립으로 한국과 긴밀한 관계를 갖게

---

27) 『구한국외교문서』, op. cit 771쪽, 「파리주재명예총영사로리임명의 건」 (증 10책), [發] 이완용, [受] 법국공사 갈림덕, 1897년 6월 18일 ; 772, 「동상건에 대한 회신」(원 1책).

28) *ibid*, 947. 「우대내총영사임명통고에 대한 회신」(불문), Séoul, le 8 Sept. 1898, [漢譯] (증 12책).

▪ 먼 나라 꼬레(Corée)

된 이들 명예총영사들이 프랑스에서 한국의 대불 외교나 대유럽 외
교를 수행하는 과정에서 어느 정도 기여하였는지에 대해서는 자세
히 밝혀지지 않고 있으나, 룰리나는 1900년 Paris 만국박람회에 한국
이 참가하는데 대표단의 일원으로 크게 활약했고, 재정적인 지원도
했으며 고종황제로부터 공로 훈장도 수여 받았다.

2) 프랑스인의 대한 정부 요직에의 고빙과
재한 프랑스인의 동향(1898~1902)

(1) 프랑스어교육 · 광산개발의 선구자 Martel

프랑스인으로서 한국의 관직에서 가장 오랫동안 머물렀던 사람은
앞에서 언급한 바 있는 라뽀르뜨(Ernest Laporte)이다. 그는 1883년 한
국 최초의 외국인고문 묄렌도르프에 의해 세관리로 한국 정부에 고
빙되었으며, 제물포와 부산 등지에서 근무해 왔는데, 드 플랑시 대
리공사는 1899년 7월 19일 그의 영향력이 한국 정부에서 크게 이행
되고 있는 이 시기에 그를 부산세관 변무관대리로 승진시키는 압력
을 가했다. 그는 1901년 7월 12일 인천 세무변무관대리로 전임되어
1905년까지 20여 년간 한국 정부에 고빙된 셈이다. 그의 편력이나
재임시 활동은 거의 알려지지 않고 있으나 1906년 9월 8일자 주한
프랑스총영사관 서기관 베랭(T. Bélin)이 조선통감부 총무국장 쓰루
하라(Tsuruhara)에게 보낸 공문에 의하면 라뽀르뜨는 재한 프랑스인
중에서 가장 오래된 사람으로 쓰여 있다.29)

---

29) Archiv. Dipl. Fr., op. cit., No. 40, M.F. Berteaux, Gérant du Consulat
General de France en Corée á M. Tsuruhara, Directeur Général de la
Résidence Générale du Japon á Séoul, le 8 Sep. 1906.

그리고 1895년 10월부터 새로 설립된 법어학교의 교장 겸 교사로 부임한 마르뗄(Emile Martel, 1874~1949)은 프랑스 쌩엔티엔느의 광산학교(Ecole de Mine á St. Etienne)에서 4년간의 대학생활을 마치고 졸업과 동시에 천진(天津)에서 한국 진출의 기회를 엿보다가 우선 서울에서 법어학교 신설을 계기로 내한했다.[30] 그는 법어학교에 근무하면서 고종을 비롯한 한국 정부의 고위인사들과 친교하였고, 황실에 자유로이 출입할 수 있는 특권을 향유하기도 했다. 특히 그는 대학시절의 전공 때문에 한국 광산에 큰 관심을 가졌으므로 1898년 이후부터는 궁내부의 목장국·소목국·니장국·와장국·철장국 등 건설 분야 및 광산 분야에 겸직하게 되어 별도의 급료를 추가로 받기도 했다.[31] 이처럼 많은 일에 관하여 마르뗄은 법어학교 초기의 제자중 이능화[32]·안우상·김한기 등과 함께 1910년까지 교사로 봉직했다.

---

30) Emile Murtel의 한국명은 마태을(馬太乙)이다. 그는 1874년 12월 4일 일본 요코하마에서 프랑스인 세관리 Alphonse Martel과 일본인 Louise 겐도 부인 사이의 장남으로 태어나 상해·천진 등지의 프랑스 상사에서 근무하게 된 그의 부친을 따라 천진의 프랑스 중학교를 마치고 대학 교육을 받기 위해 처음으로 모국을 방문했다. 그가 광산학교에 입학하게 된 것은 당시 중국을 비롯한 극동에서 외국인 광산기사의 대우가 좋았기 때문에 부친의 권고에 의한 것이라 한다. 1910년 한일합방 후 불어교사직을 잃은 Martel은 귀국하여 1914~1919년의 1차 대전에 조국 프랑스를 위해 참전했으며, 1920년 다시 내한하여 경성제국대학 예과와 동성상업학교에서 프랑스어 강사로 생계를 이었다. 2차 대전 중 일제의 탄압으로 1943년 일제에 의해 강제로 추방되어 천진에서 종전을 맞아 1947년 2월에 다시 내한하여 지내던 중 1949년 9월 19일 서대문 자택(전 이기붕씨 가옥)에서 73세를 일기로 숨을 거뒀다. 그의 묘는 지금도 양화진 외국인 묘지에서 볼 수 있다. 홍순호, 「Emile Martel의 생애와 활동」, 『교회와 역사』 93, 1983, 한국교회사연구소, 4쪽 참조.

31) 『구한국외교문서』, *op. cit.*, 837. 「법어학교마태을의 조약서명한교」(등 11책), 1898년 1월 6일 참조.

32) 그는 1906년 일제 조선통감부 정책에 의해 서양인들이 계속 해고되는

▪ 먼 나라 꼬레(Corée)

드 플랑시 대리공사는 마르뗄의 재능을 크게 인정하여 그를 대한
외교에 중요한 일꾼으로 삼게 되었다. 특히 1898년 11월부터 새로
취임한 본국 외무장관 델까쎄의[33] 적극적인 성원과 지원을 받게 된
드 플랑시 대리공사는 마르뗄과 함께 광산 탐사에 열을 올리면서 한
국 정부의 광산기사 초청계획안에 대해 적극적인 활동을 벌여 프랑
스 광산기사인 드 라빼이리에르(de Lapeyriére)와 부다레(Boudaret)[34]
등을 내한하게 하여 이들을 평양의 황실광산에 고용하도록 했다.

(2) Rondon Plaisant 회사

드 플랑시는 광산채굴권을 서울과 제물포에서 활동하고 있는 프
랑스의 운남상회(London에 본사를 두고 천진·북경·홍콩 등지에
지사를 갖고 있는 Rondon Plaisant & Compagnie)에게 허가받게 하도
록 한국 정부에 압력을 가했다. 결국 프랑스는 1900년 12월에 평양
광산을 한국 정부로부터 허가받아 1901년 6월 7일 조인했다. 이는
운남회사로부터 한국 정부가 500만원 차관 도입을 한다는 조건하에
서 이루어진 것이다.[35]

과정에서 법어학교장으로 임명되었다. 저서로『조선기독교 및 외교
사』및『조선기독교 창문사』, 1928 등이 있다.

33) Théophile Delcassé는 프랑스 제3공화국의 유력한 정치인으로서 1898년
11월 1일부터 1905년 6월 5일까지 6차례의 내각에 계속 연임한 하원
의원 겸직 외무장관으로 프랑스 외교사상 어려운 문제인 모로코 문제
해결로 더욱 유명해진 중진인사이다.

34) E. Boudaret는 그의 체한 경험을 쓴『조선에서(En Corée)』라는 저서를
1904년 Paris에서 간행했다. J. de Lapeyriére는 재한 외국인 외교관·영
사들로 구성된 서울구락부(Seoul Club : 회장 Stein 러시아공사)의 간사
로 선출되기도 하였다.

35) 규장각,『구한국외교문서』, 광무 5년(1901.4.16), 2책, 체결자 : 대한외

102

이를 계기로 프랑스측은 한국 정부에서 신설하는 광산학교 설립 준비를 위해 외국인 광산기사 초청계획에 추천·의뢰를 받아 1900년 12월 트레물레(Trémoulet)를 이 학교에 고빙하도록 하는데 성공했다. 그러므로 1898년부터 1900년까지 프랑스인 광산기사 철도관계 기사 및 여러 분야의 기술자 10여 명이 내한하여 한국 정부에 고빙되었으며 프랑스 상사 관계로 내한하는 프랑스인들도 많았다.

(3) 중요 고문관직의 고빙 교섭 – 프랑스 대한 외교의 절정기

1889년 이미 쌀르벨르(M. Salebelle)라는 프랑스인 건축기사와 1896년부터 궁내부 농업기사로 쇼트(M. Schott)를 한국 정부에 추천하여 임용하게 한 바 있는 드 플랑시는 마르뗄의 임기연장을 교섭하는 과정에서 당시 한국 정부에 권유하여 1898년 11월 3일 만국 우편협정에 가입하게 하고, 한국이 절실히 필요로 하고 있었던 우체사무를 관장할 외국인 고빙 문제에 관여하여 1898년 12월 7일 끌레망세(E. Clémencet)를 대한제국 농상공부 우체사무주임(우체국장) 겸 우체교사·번역사로 고빙하게 했다. 끌레망세의 임용은 한국체신 발전에 획기적인 전환점을 가져다 주었다. 그의 주장에 의해 한국 정부는 우편엽서의 제작을 프랑스에 의뢰하여 1900년 7월 23일 외무대신 박제순은 이를 프랑스 정부에 요청한 바 있다(1903년 7월 22일 대한제국통신원은 프랑스 체신부에 우표제조비 18,600 프랑을 지불했다). 또한 1901년 4월 17일에는 한불 우편협정이 체결되었다.

1899년에 들어서자 프랑스측은 고문직을 획득하는데 절호의 기회

부교섭국장 이응익, 대한도지부서무국장 김유정, 세무국장 이건영, 대법국운남회사총대가사을리수(cazalis), 대한외무대신서리외무협판 최영하, 소장본 : 23336 : 불문(원본) 2장, 23335 : 한문(원본) 5장 참조.

가 왔다. 그것은 10년 동안이나 고문직에 있었던 미국인 고문관이 2명이나 사망한 것이다. 외부 고문을 역임한 르장드르(C. Legendre) 궁내부 고문관이 9월 1일 병으로 사망하고, 10월 21일에는 법부고문관 그레잇하우스(C. Greathouse)도 재직중 병사한 것이다. 이에 대해 1899년 10월 23일자로 드 플랑시는 본국 델까쎄 외무장관에게 이들의 후임 문제와 관련하여 다음과 같은 보고를 했다.

"… Legendre 장군의 도움으로 10년 전에 고빙된 Greathouse는 국제법과 법률의 고문관직에 있었는데, 이 목적을 위해 그는 외부나 법부에 소속되었다. … Legendre 장군이 숨을 거둘 때 Greathouse는 거의 살기 어려운 중병에 처해 있었으므로 이들 고문관직을 선택하여 후보자를 찾아야 할 생각을 하게 되었다. 서울에서는 청국에서 세관에 근무하고 있는 von Möllendorff를 다시 불러 들이는 문제를 놓고 고심하고 있었으나, 이미 그를 단념할 것으로 결정되었으며, 현재는 어떤 외국인 명사를 찾고 있는 중이다. 새로 채용되는 유명인사에게는 월봉 300달러(750 fr.)를 지급할 예정인데, 이러한 봉급은 일본에서 보다 좋은 조건이다. …

… 이어서 11월 17일자 보고서에 의해 한반도에서 취할 태도를 규정한 특별회담에서의 결정에 따라 이번 고문 문제는 양국의 공동참여정책에 위배되므로 합당하지 않다는 것이다. 따라서 주한 러시아 공사 Stein씨는 대한 정부 고문관직에 일본인이 임명될 수 없는 것처럼 러시아도 동일한 입장에 처해 있으므로, 하야시(林權助) 공사가 이 문제에 관해 자국 정부에 문의한 후, 고문의 검토를 제의해야 한다고 생각했다. 여하간 한국 정부는 현재 일본·러시아 어느 측도 선택할 수 없는 입장이나 Legendre 장군의 후임인 궁내부 고문관에 주한 미공사대리(Allen 공사의 일시 귀국으로)인 Sands 서기관이 최근에 채용되었다. 이번 Sands의 임명은 우리의 중요 관심사가 되지 않을 수 없으며 검토할 필요가 있다. 왜냐하면 Sands씨는 프랑스를 위해 아주 우리와 동조적이고 우리말을 대단히 잘하며, 또한 카톨릭 교인이다. 재언하면 그는 우리 프랑스 공화국의 외교관으로 여길 정도라는 것을 확신한다"[36)

드 플랑시는 9월초 Legendre의 후임 문제에 대해 Stein 러시아 공사와 만나 프랑스인을 추천할 것을 암시했고, 11월에는 법부대신 권재형을 만나 교섭했다. 드 플랑시는 이와 같이 일차적인 교섭을 마치고 휴가차 귀국했다(1899.11.30~1901.3.11).

이에 앞서 드 플랑시는 러시아인 군사고문(Rominoff 후임, 궁내부 기술자) 등 많은 요직에 대해 프랑스인을 추천했는데, 이러한 모든 교섭은 그의 귀국중에는 르페브르 서기관에게 공사 대리를 맡기게 되었다. 이에 따라 프랑스 정부의 추천에 의해 1901년 2월 7일 육군 포병대위 빼이외(G. Payeur)를 군사고문관의 지위인 기기창사관으로, 그의 보좌관 루이(L. Louis) 중위를 무기조사원으로 임명했는데, 러시아측은 이들의 임명과정에서 전임자인 로미노프의 조건 등에 관한 정보를 프랑스측에 제공했다.37) 그의 취임과 함께 프랑스인들이 많이 임용되는데, 특히 법부 고문의 후임 문제에 대해서는 드 플랑시가 귀국 전에 이미 한국 정부에 전 사이공 프랑스총독부공소원장을 지낸 변호사 크레마지(L, Crémazy) 박사를 거론한 바 있는데, 르페브로의 끈질긴 노력으로 1900년 5월 28일 고빙 계약이 성립되었다.38)

---

36) *Archiv, Diol. Fr., op. cit.*, N.S. 8, No. 284, Séoul, le 23 Oct. 1899, Rapport á Delcasseé de Collin de Plancy á Séoul, 40~41쪽 : N ˚287, Séoul, le 17 nov. 1899, 53쪽 및 59쪽.

37) *ibid*, N.S. 13, 1900. 1. 13. 89~97쪽 및 13~120쪽.

38) 규장각, 『구한국외교문서』, 주의(41 책), 17703. 크레마지의 임명 과정에 관하여는 홍순호, 「대한제국법부고문 L. Crémazy의 임명과정 분석 ─프랑스 외무성 미간외교문서에 의하여─」『논총』36, 1980, 이화여대 한국문화연구원, 333~371쪽 참조. Laurent Crémazy는 1837년 프랑스의 식민지 La Réunion도(Madagascar 근처)에서 태어나 Paris 법대에서 변호사 자격시험에 합격하고 당시 동양법률 관계의 권위 교수인 Boissonade(그는 만년을 일본에서 보내면서 명치천황의 법률고문을 지냈으며 Crémazy를 한국법부 고문관으로 추천했음)의 지도로 박사학위를 받았으며, 1872년 4월 25세의 나이로 Ponticery 법원판사를 시작으로

▪ 먼 나라 꼬레(Corée)

(4) 법부고문관 Crémazy의 역할 및
프랑스 외교관의 한국 공직에의 임용

프랑스의 대한 적극외교가 절정기에 이르는 것은 크레마지가 법부
고문관으로 고빙되는 1900년부터이며, 1901년 5월 24일에 귀임하는
드 플랑시는 대리공사에서 전권공사(le ministre plénipotentiaire)로 승진
함으로써 그의 역할을 더욱 기대해 보자는 Delcassé 외무장관의 대한
정책이 엿보인다. Delcassé는 드 플랑시의 귀임과 때를 맞추어 주청 프
랑스공사 삐숑(M.s. Pichon : 1905∼1909년 외무장관이 됨)을 서울에
파견하였는데, 24일 귀임한 드 플랑시는 고종황제에게 귀임인사차 알
현할 때 Pichon을 대동했으며, Plancy-Pichon의 서울에서의 만남은 중
요한 의미를 갖고 있다. 드 플랑시는 임기 만료되는 대한 정부에 채
용된 프랑스인들의 임기 연장을 교섭하는 과정에서 크레마지의 지원
을 받으면서 더 많은 프랑스인의 진출을 도모하고 있었다.

그 결과 주한공사관 서기관으로 큰 활약을 한 르페브르를 서북철
도검사관(1901. 8. 10 임명)으로, 궁내부 도자기기사 르미옹(Léopold
Remion ; 프랑스 국립 Sévres 도기공소출신, 1901.12.22 임명), 궁내부
검찰관 라벡(Rabec) 등이 임명되었으며, 쌀따렐(Pierre-Marie Saltarel)은
주불한국공사관 서기로 부임(1899. 1. 30)하여 1900 여름 Paris 만국

1890년에는 파리명예공소원장의 칭호를 받고, 정년퇴임 후 마르세이유
에서 변호사를 개업하던중 63세에 내한하여 법무고문이 되었다. 그는
재임중(1900. 5. 28∼1905. 8) 『대한형법(*La Code Pénal de la Coére*)』(1905,
Paris)을 번역·출판하고 귀국 후 『대한형법보충편(*Texte Complementaire du
Code Pénal de la Corée*)』(1906, Paris)을 발행했다. 또 그의 동양에서의 체험
을 쓴 『*Coutumes, Croyances, moeurs en usage en Chine*』, 『*dans l'Annam et en Chine*』,
1907, Paris 등이 있다.

박람회 때 한국대표 단장(민영찬)을 수행하였는데, 후에 민영찬이
주불공사가 되었을 때 프랑스인으로서 한국공사관 고문관(Conseiller)
을 잠시 지내던 중 다시 서울로 돌아와 주한프랑스공사관을 사임하
고(1900. 1. 16), 서울에 체류하면서 광산·토지매매 중개 등의 사업
을 하던 중 6월 7일에는 평북 창성광산 채굴권을 개인의 자격으로
따내 세인을 놀라게 하기도 했다. 그 후 Saltarel은 1910년경까지 서
울에서 거주했는데, 1903~1906년에는 그의 소유 토지가 한인들과
소유권 분쟁을 일으켰다. 그 밖에 철도·광산·기술 분야 등에 걸
쳐 뀌벨리에(Cuvellier), 라빵(Rapin), 트뤼쉬(Truhe), 뿌샤르(Pouchard),
르꼬끄 드 라 망슈(H. Lecog de la Manshe), 마르땡(Martin) 등 10여 명
이 한국 정부에서 일하게 되었다.

이 시기를 잘 묘사하고 있는 헐버트(H.B. Hulbert)는 그의 『한국의
역사(History of Korea)』(2vol., 1902, New York)에서 14명의 프랑스인
들이 한국 정부에서 일하고 있다고 쓰고 있으나, 필자의 조사로는
그 이상인 것 같다. 예를 들면 앙리(Henry)라는 프랑스인 토목기사가
1903년 10월 1일 궁내부기사로 임명되었는데 1904년 4월 아무 이유
없이 해고되는 사건이 있었다.[39] 드 플랑시 공사는 이 사건에 적극
관여하여 결국 Henry에게 궁내부와의 재계약을 체결하도록 알선했
는데, 당시 79명이나[40] 되는 재한 프랑스인들이 증가하자 드 플랑시

---

39) *Archiv. Dipl. Fr., op. cit.* No 259, le avril 1904의 보고서에 의하면, Henry
는 직접 궁내부 고문관 Sands와 Yi Hak-Kionu(이학균) 장군의 중개로
채용되어 계약서(황제승인)까지 가지고 있는데 이학균이 좌천되면서
해고되었다는 것이며, Henry가 주한 프랑스공사관에 지원요청을 했을
때, Collin de Plancy는 Henry의 1년전 궁내부 채용 사실을 그때까지 모
르고 있었으며, 사건 당시 궁내부에서도 Henry가 불법채용된 것으로
간주하고 추방(국외)을 명령했다는 것이다.

40) Franz Goossens, 『*La Corée en 1902*, Bruxelles : Impremerie Vanbuggenhoud』,
1902, 33쪽에 의하면, 1902년 재한 외국인은 일본인 16,142명·중국인

공사는 본국 정부에 주한 공사관의 공의 파견을 요청했으나(1901. 8. 3), 이 제의는 예산 사정으로 프랑스 상원 예산위원회에서 부결되었다(1901. 12. 16). 이같이 많은 프랑스인들이 한국 정부에 채용된 것은 드 플랑시 공사, 친불 미국인 궁내부고문관 Sands, 그리고 크레마지 법부고문관의 협조의 결과이다.

특히 크레마지는 재한 프랑스인중 가장 높은 서열의 관직에 있었고, 학식과 덕망·최고령·청렴결백한 성격과 품위로 존경을 받았는데, 그는 부임 초부터 한국 정부를 위해서 많은 업적을 쌓았다. 즉 1900년 9월 18일 황제에 의해 의정부 의정관으로 실제적인 황제 법률고문·법부고문·법관양성소 교수직을 겸직, 임명된 그는 고등법원의 의결권을 가진 그의 계약에 따라 정치적 사건, 불법어로 행위, 관세법 위반 심리 등 주로 외국인이 개재된 사건을 공평하게 재판했으며, 청국에서의 의화단 사건 발생시 대한의 중립선언을 황제에게 권유하고 궁정의전, 정부관리의 서열, 궁전질서, 특권층의 사치생활 규제, 황국의 절약책, 궁복 제정, 대한제국의 총인구조사, 프랑스의 대한 중립정책 해설, 지방 신형무소 개편, 법률교육 실시 등 광범위한 그의 이러한 구상을 한국 정부에 건의·채택하게 했다.[41]

그런데 크레마지의 법부 재임기간 중 중요한 역할 중의 하나는 한국 정부내에 채용된 프랑스인들을 비롯한 외국인들의 한국 정부의 봉급연체·미지불에 대한 송사였다. 특히 프랑스인들은 그들의 공사관에 진정서를 제출하면서 크레마지에게 압력을 가해왔다. 크

약 5,000명·미국인 269명·러시아인 97명·영국인 104명·독일인 42명·프랑스인 79명·벨기에인 약 20명·기타 유럽인 30명 등 합계 약 21,783명으로 나타나 있다.

41) *Archiv. Dipl, Fr., op, cit, Annexe au Rapport Politique, Séoul le 9 juin 1901, note sur les travaux confiés á M. Crémazy pendent la premiére année de son séjour á Séoul.*

레마지 자신의 봉급도 연체되는 상황이었는데, 당시 대한 정부의 재정사정은 극심한 곤궁에 처해 있었으며, 따라서 프랑스 측은 프랑스 차관단을 끌어들이면서 차관 제공의 대가로 막대한 경제적 이익을 도모했던 것이다.

3) 한 · 불 국교의 단절과 프랑스인의 동향

(1) 프랑스 고문관의 해고

러일전쟁에서 승리한 일제는 1904년 8월 22일 윤치호(외부대신서리)와 하야시 곤스케(주한일본 공사) 사이에 「외국인 고빙협정」을 체결하여 한국 정부내 외국인의 관직 임기가 만료되는 대로 연장계약 없이 일본인으로 대치하기 시작했다. 그런데 한국 정부는 이들의 연체봉급 · 귀국여비 등을 지급하지 못하여 법적 분쟁(송사)이 계속되었다.

이러한 혼란 속에서 1905년 11월 18일 을사보호조약이 체결됨으로써 대한제국의 외교권이 일제에 의해 박탈되어 2월 30일부터 영국공사관을 필두로 프랑스공사관도 폐쇄되고, 주일공사관 관할하의 주경성프랑스총영사관으로 남게 되었으나, 이제부터 한 · 불 외교는 단절되고, 1949년 대한민국과 프랑스 제 4공화국이 국교를 재개할 때까지 양국은 국교 공백기를 초래하게 된 것이다.

1904~1910년 사이에 한국 정부에 채용되었던 프랑스인들은 Martel과 법률 고문관을 제외하고 거의 귀국했는데, 체한 중 토지 · 전답 · 가실을 매입하거나 한국 정부로부터 할양받은 프랑스인들은 · 한인들과 소유분쟁권이 일어나 귀국할 수 없는 사람도 있었다.

▪ 먼 나라 꼬레(Corée)

Trémoulet, Leféveres, Lecog de la Manche, Rondon & Plaisant 회사 대표, Saltarel 등은 1906년 6월 그들의 재산보호를 위해 프랑스 정부가 외교적으로 개입해 달라고 청원서를 본국 외무장관에게 제출하기도 했으나, 결국 별 성과를 거두지 못하고 일인 또는 한인들에게 그들의 토지·전답 등을 빼앗기는 사람도 있었다.

1902년 9월 4일까지 재한 프랑스 민간인들에게 진 한국 정부의 채무액은 다음의 <표 1>과 같다.

<표 1> 재한 프랑스 민간인에게 진 한국 정부의 채무액

건 명	채 무 내 역	금액(원)
제주도 교난사건	프랑스 선교사들을 위한 손해배상금(1901년 7월 31일자 보고서 참조)	5,160,00
	1902년 1월 1일부터 연 이자 7 1/2% = 7개월	225,75
De Lapeyriére와 Boudaret (서북철도국기사)	이들의 토지 및 건축에 대한 1902년 3월 6일부 중재재판 판결에서 정한 금액	9,556,25
	연체이자(5개월분)	346,41
	1902년 7월 31일까지 서북철도국장에게 끼친 손해 배상	808.00
De Lapeyriére	한국 정부의 명령에 의한 프랑스 출장비	600,00
	손해배상 1900년 10월 9일부터 연체봉급(월 200원)	1,120,00
Lefévre (서북철도국장)	1902년 8월 10일부터 1902년 5월 1일까지 봉급	2,600.000
Schott (궁내부농업국장)	연체봉급, 귀국여비, 이자 및 손해배상	27,119,11
Roulina (주 Paris 대한명예영사)	1900년 Paris 만국박람회 경비(1901.3.17 독촉)	21.62
	이자(년 7 1/2%) ; 1901~1902(13개월), 1902(5개월)	9.79
Remion	연체봉급	75.38
	합 계	27,515,11

참고로 1905년 5월 15일 기준 한국 정부에 고용된 프랑스인들의

봉급액은 다음의 <표 2>와 같다.

<표 2> 한국 정부에 고용된 프랑스인들의 봉급액

소 속	고 빙 자	월 봉(원)
우 체	Clémencet	5,400
법 부	Crémazy	6,000
학 부	Martel	3,600
	Remion	3,600
광 산	Trémoulet	4,800
	Lecog de la Manche	4,800
	Rabec	3,000
	Cuivillier	4,800
평양황실 광 산	Pouchard	2,160
	Rapin	2,160
	Truche	2,160
철 도	Lefévre	5,100
	De Lapeyriére	4,800
	Boudaret	4,200
합 계		57,060

(2) 잔류 프랑스인들의 동향

그들은 이같이 재산을 위협받게 되자 1905년 10월 30일 주한 프랑스 총영사관을 통해 프랑스 정부에게 진정서를 보내면서 을사보호조약을 승인하고 1886년 한불수호통상조약을 폐기할 것을 본국에 건의했다.[42] 을사보호조약의 강제적인 체결에 대해 프랑스에서는 일본을 비난하는 여론이 비등하던 이 시기에 Paris 법대 F. Rey 교수는 일제와 체결한 이 조약의 무효와 일본의 대한 식민지 정책을 통

---

42) *ibid*, No. 106, Au sujet de *"Pétition de Citoyens français"*, Séoul, le 30 Oct. 1905.

▪ 먼 나라 꼬레(Corée)

열히 통박했다.[43)

본국에서는 이러한 여론임에도 불구하고 1906~1910년에 서울에 잔류한 프랑스인들은 이제는 일제에 아부하면서 이권 획득에 열중했다. 그 한 예로 1909년 9월 11일 Rondon Plaisant 회사는 평양 황실 광산 근처의 산을 개간하겠다는 요청을 재무대신 이용익에게 발송했으나 거절되었다.[44)

그러나 잔류 프랑스인들은 일제에 아부하면서 한국에서의 체류 방법을 모색하여 그들의 재산을 보호하려고 백방으로 노력하는 사람도 있었다. Trémoulet는 한일합방 전부터 경제·상업전문지를 창간하려고 대한정부에 허가신청서를 제출했으나, 1910년 10월 조선총독부 경무국으로부터 거부되므로 19일 주한 프랑스 총영사 대리 빼이야르(Peillard)를 통해 본국 삐숑(Pichon) 외무장관에게 청원서를 내기도 했으나[45) 그는 끝내 한국에서 아무 일도 이룩하지 못했다.

4. 양국간 상호인식

아관파천 후 러시아가 한국 정부내 중요 고문관직을 모조리 독점하자 독립협회는 이러한 러시아의 침략적 행위를 독립신문을 통해 신랄하게 비판했으며, 회원들은 러시아를 규탄하기 위해 1899년 2

---

43) Rey(Francis) *"La situation internationale de la Corée"* 및 *"la condition juridique des étrangers en Corée"* 등의 논문을 R. G. D. L. 『국제법학』에 발표하면서 일제를 규탄했다.

44) 규장각, 『구한국외교문서』, *op. cit.* 「황실광산 근처 산개간 요청서」(한문), 융희 2년(1909.9.11) 불문(원문) 23355.

45) *Archiv.* Dipl. Fr, op, cit, No,55, Séoul, le 17 nov. 1910, *Envoi d'une petition de M. Trémoulet.*

월 20일 만민공동회를 열고, 전 민중의 이름으로 탁지부 고문관 Alexeiff와 군사고문관 Rominoff 등을 해고할 것을 정부에 건의하면서 자주권의 확립을 요구하는 공개장을 외부대신 민종묵에게 발송했다.[46] 따라서 여론이 비등하고 상소문이 쇄도하게 되니 정부는 모든 외국인을 해고한다는 방침을 결정함에 따라 4월 12일자로 한국 정부내의 러시아인들은 모두 철수하게 되었으며, 알렉쎄이프가 설립한 한러은행도 폐쇄되었다.

이러한 시기에도 드 플랑시는 궁내부에 많은 경제적 이권을 청구하고 있었으며, 러시아인들이 물러간 자리에 프랑스인을 고빙하게 하려는 전략을 추진함으로써 이러한 드 플랑시의 행동을 아는 한국인들로부터 빈축을 샀다. 서울의 여론도 프랑스 측에 대해 좋지 않은 인상을 풍기고 있었다. 더욱이 Greathouse가 저지른 외국인 순검 특채 사건으로 외국인에 대한 인상이 나빴는데 외국인 순검중 5명의 프랑스인이 30명 중에 끼어 있어서 당시의 한국인의 여론은 프랑스에 대해 좋은 감정을 가질 수 없었다. 특히 드 플랑시 대리공사가 1899년 11월 크레마지의 고빙을 교섭한 법부대신 권재형은 아직도 외국인에 대한 한국인들의 비난을 걱정하면서 프랑스인 법률고문관의 임용을 주저했다고 한다.[47]

1899년 들어서면서부터 프랑스인들이 10여 명이나 한국 정부에 고빙되자 이번에는 한국인들과 프랑스인들간에 빈번한 충돌 사건이 발생했는데, 1901년 초에는 제주도에서 2명의 프랑스 신부를 살해하는 교난 사건이 발생하여 양국 정부를 긴장시켰고 프랑스는 이를 계기로 5월 28일 전함(l'Alluette)을 제주도에 급파했다. 또한 1903~1904년에는 한인과 프랑스인 사이의 토지매각에서 파생한 소유분쟁권이

---

46) 국사편찬위원회, 『한국사』 18, 1975, 196~197쪽.
47) *Archiv, Dipl. Fr., op. cit.* N.S. 13, Séoul le 17, nov, 1899.

빈번함으로써 한국에서 양국 민간인들은 서로 좋은 감정을 갖고 있지 않았다.

국내에서 이러한 상황과는 달리 한국 정부는 프랑스의 외교적 지원을 받고 주불·벨기에 공사 민영찬을 헤그 평화회의(1902.2.20)에 참석하게 하고, 육전 상이군인 구호협정에 조인하게 했다(1903.2.3). 7월 2일에는 민 공사를 대한제국의 적십자위원에 임명하고 제네바 만국적십자회의(9. 4개최)에 참석을 명했다.

한국인으로 최초로 프랑스 국적을 가진 사람은 주한 프랑스공사관 통역원으로 1897년 3월에 프랑스 대통령으로부터 Palm d'Argent de l'Officer d'Académie라는 훈장을 받은 이인영(Yi Yn Yong)이다. 1906년 9월 8일자 프랑스외교문서에 의하면, 그의 전답(인천 앞바다에 있는 영종도)이 현지인들과의 소유권 분쟁으로 일인들에게 빼앗길 위험이 있자 프랑스총영사관에 보호 요청을 진정하는 문서에서 확증된다.[48] 또 하나의 프랑스로 귀화를 희망한 사람은 민영익(Min Yong-ik)인데, 그는 상해에서 프랑스인 변호사(M. Berthoz)에게 프랑스 국적취득을 청원했다. 1908년 9월 22일 주상해 프랑스 총영사가 이 사건을 본국 외무장관에게 승인 요청하는 전문만 있기 때문에 민영익의 프랑스로의 귀화 여부는 확인할 수 없다.

이러한 귀화 문제와는 달리 1905년 보호조약이 조인된 후부터 해외에 있는 한국인들은 일제에 감시를 받게 되자 유명 정치인들은 생명의 위협을 받기도 하였다. 1906년 4월 상해에 있던 민영익은 그의 종형인 민영찬(전 주불공사)을 4월 23일 만났는데, 일인들의 암살 대상이 되어 주상해프랑스총영사 라따르(Ratard)에게 신변보호 요청을 했는데 브루조아(Léon Bourgeois) 외무장관은 이들 한국인들

---

48) *ibid.*, No. 71, Séoul. Le 8 sept, 1906, vice-counsul Bélin, Gérant le Consulat-Général de France en Corée á M. Boureois, Ministre. A. E. á Paris.

을 상해 프랑스조계에 보호해 줄 것을 승인했다.[49]

이처럼 나라 잃은 한국의 불행에 대해 프랑스 정부는 한국인에게 호의를 베푼 것도 사실이다. 왜냐하면 1919년 대한민국 임시정부도 상해 프랑스조계에 자리 잡았었기 때문이다.

5. 결 언

대한제국시대의 대외 관계에서 외국인들의 대한(對韓) 활동은 그들이 외교관이든 민간인이든 간에 우선 자국과 자신의 실리추구에 골몰했던 것은 당연하다. 외교란 한 나라가 국제사회에 있어서 자국의 정치적 목적을 성취하기 위하여 이용할 수 있는 보편적이고 평화적인 수단이다. 따라서 외교는 교섭에 의해서 국제관계를 처리하는 기술이다. 또한 외교관이라는 사람에 의해서 관리되는 비즈니스이며, 새로운 창조물을 제작하는 예술이기도 하다.

교과서 같은 이러한 논리는 그러나 대한제국시대에는 전혀 상반된다는 점에서 구한말 외교사의 특질이 있다. 앞에서 논한 한불 관계에서 만이 아니라 구한말의 대외관계사가 모두 모순 투성이라는 사실이다. 특히 대한제국시대에 그들은 모든 방법을 동원하여 정치적·경제적인 침탈을 자행했다. 여기에 프랑스도 예외가 아니었음은 물론이다. 그러나 이것이 숙명적으로 받아 들여야 했던 한국의 운명이었다면, 이는 만년대계를 위한 한국인들에게 훌륭한 역사적 교훈이 될 것이다.

프랑스는 한반도에 외교적인 진출이 열강 중 가장 늦었지만 한불 관계는 카톨릭이 뿌린 피의 대가로 값진 관계 유지로 출발했다. 따

---

49) *ibid.* No. 15, Shanghai, le 24, avril, 1906.

라서 프랑스인들의 카톨릭 문화는 근대 한국인에게 가장 고귀한 정신문화를 남겨 줌으로써 한불 우호관계의 원동력이 되었다. 따라서 정치·경제적인 영향보다도 문화적인 영향과 수용에서 우리는 프랑스를 다시 보아야 할 것이다.

프랑스는 우리에게 우체·체신 발전에 가장 큰 영향을 준 나라이다. 또 1897년에는 「상해소재 법국천문관의 일기예보를 한국의 각 항구에 첨소설립」을[50] 처음으로 한국 정부에 권고한 것도 프랑스이다. 즉 1897년 8월 18일부터 상해의 프랑스 천문관의 지카베이(Zikawei)라는 사람이 인천·부산·원산에 매일(오전 9시부터 오후 3시까지) 항해를 위한 일기예보를 포함한 모든 기상통보를 전신으로 예고해 줌으로써 우리나라의 천문기상학 발전에 획기적 공헌을 해 주었다.

프랑스는 문화적으로 한국의 문화(Maurice Courant의 『한국서지』, Laurent Crémazy의 『대한형법』)를 서양에 체계적으로 알린 나라라는 새로운 인식에서 대한제국시대의 한불 관계의 의의를 찾아야 할 것 같다. 또 다른 하나는 프랑스를 내왕한 한국의 외교관이나 민간인들이 프랑스의 자유를 배워 조국이 일제에 의해 식민지화되었을 때는 프랑스를 자유독립국가의 건설을 위한 독립운동의 요람지로 생각했다는 사실이다.

이 연구에서는 상해 주재 프랑스총영사에게 신변보호를 요청하는 단지 한 건의 사건 만을 발굴했으나, 앞으로 독립운동사의 연구 과정에서 프랑스의 역할이 상당한 비중을 차지할 것으로 전망된다. 그것은 상해 대한민국 임시정부가 프랑스조계에 있었다는 사실과 때를 같이하여 제 1차 대전 평화회의시 김규식 등 애국지사들의 빠리

---

50) 『구한국외교문서』, op, cit, 779(원 1책), 1897년 7월 31일 ; 781(증 10책).

에서의 독립운동에 관한 연구에서 또한 프랑스의 역할을 기대할 수 있기 때문이다.

20세기를 전후한 한국의 근대화 과정에서 프랑스의 협조는 교육·기술 분야에서 표면상으로는 한국인에게 근대화 의식에 자극을 주었음은 틀림없는 사실이며, 이 연구에서 중요 부분으로 비중을 두어 논술한 재한 프랑스인들─그들 대부분이 한국 정부에 고빙되었던─로부터 행정·외교·기술 등의 분야에서 한국인들은 무엇을 배웠는가도 반성해야 할 것이다. 일제 36년간의 역사의 단절로 그들로부터 배운 지식을 활용할 기회를 잃었다는 변명의 여지는 있으나, 이 역사의 단절을 어떻게 극복하느냐가 당면한 한불 관계사의 과제이며, 이러한 과제의 첫 실마리가 대한제국시대의 양국관계 연구에서 시발점이 된다는 것을 인식해야 할 것이다.

Ⅱ. 서구열강의 조선 인식

프랑뎅(Frandin)은 조선의 정치 상황을 결정짓는 두 요소로 중국과 일본을 들고 있다. 중국과 일본이 조선 조정에 대해 영향력을 행사한 결과로 양국의 거류민들은 자기 나라 공사관이 자리한 곳에서 대규모의 거류지를 형성하여 치외법권을 보장받았고, 그 공사관 주변에는 자국의 훈련된 군대와 헌병·경찰이 머무르고 있었다.

프랑뎅(Frandin)을 비롯하여 미국·영국·독일·이탈리아의 공사들은 특히 중국이 때때로 조선의 국왕을 능가하는 듯한 영향력을 행사할 때면, 외교적 처신에 혼란을 느끼기도 하였다. 게다가 중국과 일본의 틈새를 비집고 러시아의 영향력도 조금씩 커지고 있었다.

이러한 상황에서 프랑뎅(Frandin)은 각국 공사들과 우호적인 관계를 유지하였지만, 외교대표부로서 조선의 군사시설과 고위 무관들을 방문하여 프랑스의 존재를 알리는 데도 노력하고 있다.

41. 왕의 행차 / King Gojong on an outing
　왕이 탄 가마(연 : 輦)가 지나간 직후 뒤쪽의 군사 행렬이 각종의 깃발과 기구를 앞세우고
수표교 위를 지나가고 있다.

42. 왕의 행차 / King Gojong on an outing
왕이 탄 가마(연 : 輦)가 무장을 한 별기군의 호위를 받으며 수표교 위를 지나가
고 있다. 왕은 1년에 몇 차례 선대의 왕과 왕비들이 묻힌 능·행궁·삼림을 돌
아보기 위해 왕비와 왕세자·수행원들을 데리고 행차를 하게 된다.

43. 왕의 행차 / King Gojong on an outing

왕의 장엄한 행차가 수표교를 지나 서대문 밖으로 길게 뻗어가자 이를 구경하기 위해 수많은 인파들이 길가와 산 위에까지 모여 들었다. 전신주와 그 위에 가설된 애자가 보이고 길을 따라서 전선이 길게 연결되어 있다. 프랑뎅(Frandin)은 왕의 행차에 각별히 관심을 기울였는데, 행차가 화려하지만 비용이 많이 들고 행차가 지나가면 백성들은 길게 늘어서서 만세를 외쳐야 하는 불편이 있다고 기억하고 있다.

44. 조선의 대신들 / The cabinet members of Joseon
프랑스공사관 부근의 서울주재 외교관 클럽에서 조선의 대신들과 프랑뎅(Frandin) 등 공
사관 관계자들이 자리를 함께 하였다. 대신들은 앞줄의 오른쪽 방향으로 공조판서 민영
소·호조판서 민영달·예조판서 이준용·이하영·예조판서 민종묵으로 추정된다.

45. 흥선대원군 이하응(李昰應) / Heungsondaewongun, Lee Ha-eung

　　흥선대원군 이하응(1820~1898)은 고종의 아버지로 1882년 임오군란 때 청에 의해
중국 텐진의 보정부(保定府)에 4년간 유폐당했다. 당시 프랑뎅(Frandin)은 텐진 주재
프랑스영사관의 통역관 겸직 총영사로 있으면서 대원군을 처음 알게 된 것 같으며,
조선에 와서도 대원군의 정치적 영향력 때문에 깊은 관심을 가졌던 것으로 보인다.
이 사진은 1882년에 텐진의 「양시태조상관」에서 촬영한 것이다.

46. 민종묵(閔種默) / The minister of Foreign Affairs, Min Jong-muk

민종묵(1835~1916)은 형조 · 병조 · 공조판서를 역임하고, 1889년부터 독판교섭통상사무에 취임하여 3년간 각국과의 중요한 통상사무를 처리하였다. 프랑뎅(Frandin)은 그를 외교를 담당한 대신으로 기억하고 있으며, 이 사진은 통상사무를 처리하던 시기에 촬영한 것으로 추정된다. 민종묵은 1898년 외부대신을 역임했다.

47. 이하영(李夏榮) / The minister of Palace, Lee Ha-young
　　이하영(1858~1919)은 미국 주재 조선공사관 서기관을 거쳐 승정원 우부승지와 회계
　　원장을 역임하였다. 프랑뎅(Frandin)은 이하영으로 추정되는 인물을 '왕궁의 대신'으로
　　기억하고 있다. 이하영은 1898년 주일전권공사, 1903년 외부·법부대신을 역임했다.

48. 이준용(李埈鎔) / The minister of Rituals Ceremonies, Lee Joon-yong .
    이준용(1870~1917)은 흥선대원군의 손자로 대사성, 홍문관 직제학, 도승지를 역임
    하였다. 1894년 법무협판 김학우 피살사건에 연루되어 2개월만에 석방되기도 하였
    다. 관복에 허리끈을 두르지 않고 있으며, 이준용으로 추정되는 인물을 프랑뎅
    (Frandin)은 '제례를 맡은 대신'으로 기억하고 있다.

49. 민영달(閔泳達) / The minister of the Treasury, Min Young-dal
민영달(1859~?)은 경기관찰사, 형조·예조판서를 거쳐 1894년 호조판서가 되었다. 프랑덩(Frandin)이 '호조판서'로 기억한 것으로 보아 호조판서 시절에 촬영한 것으로 추정된다.

50. 민영소(閔泳韶) / The minister of Construction & Transportation, Min Young-so
민영소(1852~?)는 명성황후 집안의 대표적 인물로 병조판서를 지낼 때 개화파인
김옥균의 암살을 지시하였다. 프랑뎅(Frandin)이 민영소를 '공조판서'로 기억한 것으
로 보아 1894년 공조판서 재임시에 촬영한 것으로 추정된다. 민영소는 1901년 학부
대신, 1902년 궁내부 대신을 역임했다.

51. 광화문 전경 / A front view of Kwanghwa gate
광화문 앞쪽의 오른쪽으로 대신들이 일을 처리하는 6조 건물이, 왼
쪽으로는 군영이 자리하고 있다. 군영은 신식군대인 별기군의 훈련
장으로 쓰였다.

52. 광화문 전경 / A front view of Kwanghwa gate
경복궁의 남쪽 정문으로 좌우에 해태상이 자리하고 있다. 프랑뎅(Frandin)은 해태
상을 '괴수(怪獸) 모양의 돌짐승'이라고 하였다.

53. 경복궁 영추문 / Youngchu gate, Kyungbok palace
경복궁의 서쪽 출입문으로 북악산 자락이 손에 잡힐 듯 가까이 보인다.
넓은 공터에 이른 아침부터 장사꾼들이 북적대곤 하였다.

54. 혜화문 / Hyeihwa gate
　서울을 둘러싼 도성의 동북방에 설치한 성문이며, 동소문 또는 홍화문이라고
도 부른다. 북대문(숙정문)이 일반인의 통행이 금지되었기 때문에 혜화문은 양
주·포천으로 통하는 주된 출입문이었다. 1928년 서울의 확장으로 헐렸다.

55. 프랑스 공사의 총융청 방문 / The French diplomat in the Chongyungcheong
프랑뎅(Frandin : 가운데 지팡이를 짚고 오른쪽을 바라보는 사람)이 해군 무관
드 라브리 자작(맨 왼쪽 흰옷을 입은 사람)을 데리고 창의문 밖의 총융청을
방문해 한규설(韓圭卨) 장군(프랑뎅의 오른쪽으로 앞줄의 갓쓴 사람) 및 간부
무관들과 자리를 함께 하였다.

56. 별기군의 도열 / The line of Byeolgigun
총융청을 방문한 프랑스 관계자들에게 소개에 앞서 도열해 있는 별기군(別技軍)의 모습이다. 도열한 별기군의 옆으로 프랑스측 방문단이 보인다.

57. 별기군의 도열 / The line of Byeolgigun
해군 무관 드 라브리 자작이 도열한 별기군과 인사를 나누는 광경으로 추정된다.

58. 별기군의 훈련 / The drill of Byeolgigun
   광화문 옆의 군영에서 러시아가 제공한 '베르단' 소총을 들고 훈련하는 장면이다.

59. 별기군의 열병 / The review of Byeolgigun
   광화문 옆의 군영에서 열병을 하고 있는 별기군의 모습이다. 이곳의 별기군은 러시
아 교관이 훈련을 담당하였다.

60. 별기군의 열병 / The review of Byeolgigun
광화문 옆의 군영에서 러시아가 제공한 '베르단' 소총을 들
고 원형으로 열병을 하는 장면이다.

61. 프랑뎅과 한규설 장군 / Frandin & General Han Gyu-seol
프랑뎅(앞줄 왼쪽)을 비롯한 프랑스공사관 관계자들이 한규설(韓圭卨)
장군(앞줄 중앙의 갓쓴 사람) 과 자리를 함께 하였다. 오른쪽의 흰 무관
복을 입을 사람은 프랑스 무관 드 라브리(de Labry)자작이다.

62. 선상에서의 만남 / A meeting on the barge
공사관 관계자들이 용산나루에 도착한 프랑스 무관을 맞이하여 거룻배
에서 술잔을 치켜들고 반가움을 표시하고 있다.

63. 일본군 훈련장 / The drill field of Japan troops
예장동 진고개의 일본군 야외군사훈련장이다. 오른쪽으로 훈련막사가 보이고 훈련장을 표시
하는 울타리가 둘러져 있다. 주변으로는 점차 일본인 구역이 형성되기 시작했다.

· 먼 나라 꼬레(Corée)

64. 일본군 훈련장 / The drill field of Japan troops
예장동 진고개의 일본군 야외군사훈련장이다. 게양대와 부대의 깃발, 훈련막사, 야외
화장실로 여겨지는 시설물이 보인다. 약간 명의 해군 수비대가 있는 다른 나라의 공사
관과는 달리 일본측은 보병·기병·포병·공병·통신병 등 대규모의 군사를 공사관
주변에 주둔시켰다.

▪ 먼 나라 꼬레(Corée)

65. 남산에서 바라 본 정동과 동대문 원경 / A distance view of Jeong-dong
& the East Gate

65. 남산에서 바라 본 정동과 동대문 원경 / A distance view of Jeong-dong
& the East Gate

• 먼 나라 꼬레(Corée)

66. 일본공사관 원경 / A distance view of a Japanese legation
약간 언덕진 남산 기슭에 자리한 일본공사관이다. 공사관의 뒤쪽으로 남대문 성곽이
보이며, 왼쪽 아래의 예장동에는 일본인들의 거류지가 형성되었다. 프랑뎅(Frandin)
이 머무른 시기에 일본 공사는 중국에 못지 않게 조선 정부에 대한 영향력을 강화해
갔다.

67. 미국공사관 / A distance view of a American legation
미국공사관 주변으로 짐작된다. 그 일대에 영국공사관과 경운궁이 가까이 있고,
러시아·독일의 공사관이 조금 떨어져 자리하여 있었다.

68. 중국공사관 입구 / The entrance to a Chinese legation
기와 지붕에 중국식 건축양식으로 미루어 중국공사관 입구로 추정된다. 주변에는
중국인들이 많이 거주하였다.

69. 러시아공사관 원경 / A distance view of a Russian legation
러시아공사관의 원경이다. 사진의 앞쪽으로 담장을 따라 프랑스공사관으로 돌아 들어오는 길목이 보이고, 뒤쪽으로는 멀리 북악산 자락이 보인다.

70. 러시아공사관 전경 / A front view of a Russian legation
정동의 대안문(大安門 : 이후 대한문) 근처에 자리한 러시아공사관은 다른 나 라의 공사관보다 건물의 외관이 높고 규모가 컸음을 알 수 있다.

제3장 이폴리트 프랑뎅(Hippolyte Frandin) 사진컬렉션의 성격

Ⅰ. 카메라는 현재를 촬영하고 사진은 역사를 남긴다

―프랑스 공사 프랑뎅(Frandin)의 한국 관련 소장 사진들―

최인진(한국사진사연구소장)

1. 조선과 프랑스의 외교관계

프랑스와 우리나라와의 관계는 그 역사가 깊다. 조선 말기 쇄국적인 상황에서 프랑스 선교사들이 천주교를 전파하려다 박해를 당한 것을 비롯해 강화도를 중심으로 전투를 벌렸던, 여러 가지 호연과 악연의 교차 속에 두 나라의 관계는 시작되었다. 그러나 이러한 오랜 상관 관계와는 달리 유럽의 영국이나 독일 보다 늦게 우리와 외교 관계를 맺게 되었으며, 이 과정에서 많은 신자들이 박해를 당했던 천주교의 포교 자유도 획득하게 되었다.

조선과 프랑스와의 관계는 다른 유럽 국가보다도 뒤늦게 국교를 맺게 되었다. 1882년에 조미조약이 체결되고 이어 영국·독일과도 외교 관계를 수립하자 프랑스도 조약 체결을 서두르게 되었다. 1882년 5월 조선과 미국이 수호통상조약을 체결하자 중국 텐진주재 프랑스 공사 딜롱(Dillon)이 그 해 6월 인천에 도착해 조약 체결을 시도했으나, 청나라의 방해로 뜻을 이루지 못하고 중국으로 돌아가고 말았다.

그후 프랑스 정부는 1886년 6월에 꼬고르댕(George Cogorden, 戈可當)을 전권위원으로 조약을 체결하기 위해 조선에 파견, 인천에 도착했다. 조선 측에서는 김만식을 전권대신으로 임명해 프랑스 측과 회담을 진행해 1886년 6월 14일 13개 조항으로 된 한불수호통상조약과 통상장정 및 선후조약 등이 꼬고르당(Cogorden)과 김만식 사이에 조인되었다.

이 조약은 1887년 5월 30일 꼴랭 드 플랑시(Collin de Plancy, 葛林德) 프랑스전권공사와 조선측 김윤식 외무독판 사이에 비준을 교환하면서 정식으로 두 나라 사이의 외교 관계가 수립되었다. 프랑스는 조약 비준 후에 외교관계 사무를 주한러시아공사관 공사에게 대리시키다가 상주공관을 개설하고 1888년 드 플랑시(de Plancy)가 전권공사로 상주하면서 두 나라 사이에 본격적인 교류가 이루어지게 되었다.

최초의 프랑스공사관은 수표교 북쪽 전동(甎洞) 독일공관 서쪽에 위치한, 오늘의 종로구 관수동 126번지에 있던 한옥에 설치되었다. 이곳을 1년여 동안 사용하다가 임시로 사용하는 공관이었지만 너무 협소해 항구적인 공관 신축을 목표로 정동의 러시아공사관과 정동교회에 인접한 창덕여자중학교 자리를 새로운 공관 부지로 물색하여 1889년 10월 1일 이곳으로 공관을 옮기게 되었다. 그리고 일부 공관 건물을 신축했는데, 1895년에 낙성되었다고 한다. 또 일설에는 1896년 지금의 서대문구 정동 이화여고 서쪽 근방에 벽돌 2층의 일부 탑옥이 있는 415평의 건물을 신축했는데, 바닥과 창·기둥 등을 화강석으로 하고 오목지붕에 창을 내었으며, 창문은 아치 창으로 된 매우 우아한 건물이었다고 한다.

초기 서울에 세워진 서양 건물 중에서 가장 아름다운 건물이라고 했던 정동의 프랑스공사관은 1905년 을사보호조약 체결로 한불 관계가 단절되자 1906년 1월 철수하면서 영사관으로 격하되어 일본과의 외교관계 속에 지속되다가 1910년 10월 한일합방을 전후하여 서대문구 합정 30번지로 이전했다. 오늘의 프랑스대사관이 있는 곳이다. 이전의 공사관 건물은 조선총독부에서 매수하여 조선체육회·국민회관 등의 가건물로 사용하다가 1938년 이곳에 서대문국민학교가 세워지면서 헐리고 말았다.

1905년 일본에 의해 외교권을 박탈당하기까지 17년간, 프랑스 공사로는 1888년부터 1892년까지 꼴랭 드 플랑시(Collin de Plancy)가 초대 공사로 재임했으며, 1892년부터 1894년까지 이폴리트 프랑뎅(Hippolyte Frandin)이 2대 공사로 재임했다. 뒤를 이어 1905년까지 초대 공사였던 드 플랑시(de Plancy)가 다시 부임해 공사로 주재했다. 그리고 프랑뎅(Frandin)의 보좌역으로 통역관 겸 영사인 르페브르가 공사 부재중에 대리공사로서의 역할을 담당했다.

프랑스는 미국이나 영국·독일과 같이 일찍부터 우리와 외교 관계를 맺고 있지 않았지만 천주교 선교사를 비롯해 많은 사람들이 우리나라를 찾았으며, 이들에 의해 많은 사진을 남기기도 했다. 물론 사진을 발명한 국민들이고 또 사진을 좋아하기 때문이기도 했지만, 천주교 선교 활동과 병인양요(丙寅洋擾)라는 사건들을 통해 어느 나라보다 오랫동안 가졌던 조선에 대한 관심 때문이라고 생각된다.

1836년에 조선에 온 모방(P. Maubant)을 비롯해 30년 동안 14명의 프랑스 신부들이 입국해 선교활동을 했으며, 이들은 모두 처형되었다. 프랑스 선교사의 처형은 중국 주둔 프랑스 아시아 함대의 내항과 강화도 내침을 가져왔는데, 병인양요가 바로 그것이다. 프랑스 선교사의 처형사건과 세실 해군소장이 거느린 함대의 내항, 전쟁 양상으로 번진 병인양요 등 한불 관계의 여러 가지 사건들은 프랑스 국내에 바로 전달되어 조선에 대한 관심을 크게 증가시켰다. 이 나라 국민들에게 최대의 관심사가 되었을 것이다. 그리고 조선에 대한 이러한 관심은 외교 관계 수립을 전후해 천주교 선교사들과 많은 여행가들이 조선에 건너오게 되고, 이들에 의해 1880년대 이후의 조선의 실상들이 사진으로 기록되고 여러 인쇄물에 게재되었던 것이다.

2. 사진 소장의 주인공 프랑뎅(Frandin)의 이력

이폴리트 프랑뎅(Hyppolyte Prandin, Hippolyte Frandin, 法蘭亭 1852～1924)은 중국과 조선에서 활동했던 프랑스 외교관으로, 1892년 한국에 와 조선주재프랑스영사 및 전권공사로 1894년까지 서울에 체류했다. 드 플랑시에 이어 제2대 프랑스 영사 및 전권공사로 온 프랑뎅(Frandin)은 영어와 이탈리아어·중국어 등 4개국어를 할 수 있는 외국어에 능통한 외교관이었다. 어린 시절 러시아 제정기에 짜르의 참사관을 지낸 부친을 따라 이 나라에서 수년을 보냈는데, 이 때의 경험과 삶이 외국어 습득 능력을 갖게 하였고 외교관으로 인생의 방향을 정하게 되었다고 알려져 있다. 러시아에서 귀국 후 파리 동양어학교에서 중국어를 공부한 후 1875년부터 외교관으로 나서게 되는데, 그의 첫 임무는 주불 중국대사관의 명예대사관 일등서기관이었다.

유창한 중국어 실력을 바탕으로 아시아에 대한 열정과 중국에 대한 애정 등을 평소에 가져왔던 프랑뎅(Frandin)은 1879년 중국에 부임하여 이듬해인 1880년에는 중국 텐진 프랑스영사관 통역관 겸직 총영사로 임명되면서 이곳에서의 일들을 열정적으로 수행했다. 이러한 그의 업무 수행 능력은 본국 정부의 인정을 받아 1884년에 북경 주재 프랑스공사관 제일통역관 겸 텐진 주재 프랑스영사관이 되었으며, 이어 북경 주재 프랑스공사관 영사, 일등서기관으로 빠른 승진의 길을 걷게 되었다. 중국 체류 기간에는 중국과 프랑스 식민지인 베트남과의 국경 문제에도 관여했는데, 이 때 그는 중국 안남 국경확정위원회의 위원장을 맡았다. 그리고 텐진 공사였던 딜롱 (Dillon)이 조선과의 외교 관계를 수립하기 위해 1882년 조선을 방문했을 때는 텐진 주재 총영사로 있었기 때문에 조선에 대해서도 잘 알고 있었던 것으로 생각된다.

1879년부터 1891년까지 약 12년 간 중국에서의 외교관 생활 동안 보여주었던 언어적 탁월한 능력과 아시아에 대한 오랜 경험을 높이 산 프랑스 정부는 1891년 조선 주재 프랑스영사 및 전권공사로 새로운 임무를 부여하게 되며, 초대 공사인 드 플랑시(de Plancy)의 뒤를 이어 1892년 4월 8일 서울에 부임했다.

그는 갑작스런 모친의 사망 소식을 듣고 귀국하기까지 2년여 밖에 되지 않은 조선 체류 기간 동안 많은 사진들을 찍기도 하고, 여러 곳에서 찍은 사진들도 수집해 오늘의 프랑뎅(Frandin) 컬렉션을 갖출 수 있었다. 그리고 그는 짧은 조선 체류 기간에 보고 들었던 여러 가지 문제들을 정리해 끌라르 보티에라는 사람과 함께『조선에서(En Corée)』라는 200면 채 되지 않은 한국 견문기도 출판했다.

▪ 조선에 와서

중국 근무에서 주조선 프랑스공사관 전권공사로 임명된 프랑뎅 (Frandin)은 일본의 나가사키를 거쳐 1892년 4월 인천에 도착했다. 처음 보는 제물포는 독특한 모양과 흰 색상의 유럽식 건축물들이 눈에 띄었으며, 끝없이 펼쳐진 개펄 위에 조용한 자태로 서 있는 산자락에 의지해 자리잡고 있는 포구는 주변의 올말졸망한 섬들로 안전하게 정박지를 보호해 주고 있다고 그의 책에 도착 당시의 첫인상을 이렇게 기록했다.

부두는 외국인들의 조차(租借) 지역에 원시적인 방법으로 지어져 있었고, 외국인들은 그 지역에서만 장사나 교역(交易)을 할 권리가 있었다. 내가 서 있는 곳 전면(前面)에는 민둥산이 자리잡고 있으며 산의 사면(斜面)에는 마치 벌레가 갉아먹은 것처럼 드문드문 덤불이 자라고 있었다. 띄엄띄엄 솟아있는 유럽식의 건축물들은 그 독특한 모양과 흰 색상(色相) 때문에 눈에 잘 띄었다. 저 아래로 끝없이 펼쳐진 개펄 위에 조용한 자태로 서 있는 산자락에 의지해 자리잡고 있는 제물포를 나는 볼 수 있었다. 거만하게 높이 솟아있는 건물이라곤 아예 없이 고만고만하게 꼭 같은 지붕들이 늘어서 있는 것에 대해 이 도시는 자부심을 느껴는 것 같았다. 그리고 자신의 주변을 에워싸고 있는 수없이 많은 올망졸망한 섬들을 만족스러운 눈빛으로 바라보고 있는 양 하였다. 섬들은 해안 전역에 펼쳐진 채 저 멀리 수평선까지 이어져 정박지(碇泊地)를 안전하게 보호하고 있는 것 같았다(『조선에서 (En Corée)』).

프랑뎅(Frandin)은 제물포에 있던 일본인 경영의 대불호텔에서 1박한 다음날, 장승을 세운 길을 따라 서울로 향하다가 객관에서 다시 1박을 한 후, 그 다음날 늦은 저녁 서울에 도착했다. 그러나 도성의 문이 닫힌 후라 성안에 들어 가지 못하고, 프랑스공사관의 깃발이 보이는 부근의 성문 밖에서 또 1박한 후에야 공사관에 도달할 수 있었다(그의 책에는 "한국의 수도로 들어가는 문은 지극히 광휘(光輝)라는 뜻을 가진 문이었는데 내가 그 앞에 당도했을 때는 이제 문이 막 열릴 참이었다"고 광화문이나 광희문을 지칭하고 있는데, 인천에서 오류동을 거쳐 도성으로 들어오려면 남대문을 통과하는 것이 당시에 관례로 되어 있었다).

프랑뎅(Frandin)이 제2대 공사로 서울에 부임해 왔을 때의 프랑스공사관은 그가 우리나라에 입국했던 시기가 1892년이기 때문에 르네상스 식의 아름다운 공사관 건물을 짓기 이전, 한옥 기와집을 사용하고 있었던 때라고 생각된다. 러시아공사관과 정동교회 부근의

창덕여중 자리의 한옥은 그의 소장 사진에서 볼 수 있듯이 주변이
밭으로 된 한옥 기와집이었으며, 러시아공사관이 인접한 곳이었다.
프랑뎅(Frandin)은 공관 주변의 경관을 마음에 들어 했는데,『조선에
서(En Corée)』라는 그의 책에 마치 아프리카 소말리아 해안과 부근
섬의 주변처럼 공사관의 한옥 기와집 주변의 경관을 다음과 같이
아름답게 묘사하고 있다.

> 높직한 곳에 자리잡은 공사관에서는 북쪽의 메마른 벌판이 내려다
> 보였다. 그곳은 황량하고 모래로 덮여 있었으며 군데군데 짙은 덤불
> 과 타는 듯한 붉은 색채로 얼룩져 있었다. 이 순간 나는 소말리아의
> 해안과 소코트라 섬을 다시 보는 듯한 느낌에 사로잡혔다.
> 북쪽의 풍경이 나에게 한심스럽게 느껴진 반면, 남쪽으로 펼쳐진
> 풍경은 감탄을 자아내기에 족했다. 수령(樹齡)이 아주 오래되고 높이
> 가 적어도 80미터 이상 되는 소나무가 아득히 숲을 이루고 있었는데,
> 나무들은 쪽 곧은 용맹스런 봉우리처럼 하늘로 치솟아 있었다. 이 숲
> 은 먼 거리에도 불구하고 메마른 평원에 초록빛 덩어리를 형성하여
> 고마운 그늘을 드리우고 있는 양 보였다. 이 한국식 정원은 왕실에서
> 보호하는 지역이었다. 이 지역에서는 누구도 나뭇가지 하나 꺾을 수
> 없었고 과일 하나 주울 수 없다고 한다(『조선에서(En Corée)』).

조선에 도착한 며칠 후, 프랑뎅(Frandin)은 신임장을 증정하기 위
해 관리의 안내로 경복궁에 들어가 조선 국왕에게 의전을 갖추게
된다. 경복궁의 모습과 대기실 등도 이때 처음 살펴볼 수 있었다. 대
기실에서 오래 기다리지 않아 왕을 접견할 수 있었는데, 대화 시작
과 도중에 남몰래 살펴본 조선의 국왕 모습을 이렇게 적고 있다.

> 그가 입은 옷은 얇은 비단으로 만든 것으로 동양인들이 즐겨 쓰는
> 풍부한 비유와 과장된 언어로 나타내 보자면 "마치 공기를 짜서 만든
> 듯, 혹은 흐르는 물이나 저녁 이슬같은" 아주 섬세한 거미 줄 같은 의
> 복이었다. 왕은 여러 색깔로 된 그 얇은 옷 위로 일본의 foukousas(일

본의 비단으로 싼 얇은 보자기 종류)로 만든 옷을 걸치고 있었고, 또 그 위로는 소의 피처럼 짓붉은 색조로 된 공단(貢緞) 옷을 두르고 있었다. 그 공단옷에는 깃과 가슴팍과 아래쪽 모퉁이에 눈부시게 화려한 초록빛 색조(色調)를 띤 황금빛 용이 수놓아져 있었다. 접견 때에 입는 공식 복장은 그렇게 화려했지만, 사생활에 있어서 왕은 아주 단순한 의복이나 단출한 취향을 좋아했다.

왕의 머리에는 보석이 박히고 영락없이 용무늬가 새겨진 왕관이 얹혀 있었는데, 그것은 마치 종(鐘)처럼 생겼다. 신고 있는 구두는 다리를 감싸는 장화 모양으로 공단으로 만들어졌다. 구두의 밑창은 약 2인치 정도의 두께로 기워져 있었고 끝은 발목까지 굽어져 있어 마치 작은 배와 같은 모습이었다(『조선에서(En Corée)』).

그는 외교관으로서는 있을 수 없는 종이벽을 손으로 뚫어 대기실 옆방의 왕비를 몰래 훔쳐보는 예법에 어긋난 일을 저지르는데, 이때의 일을 그의 책에 이렇게 적고 있다(『조선에서(En Corée)』에 적힌 왕비 훔쳐보기에 관한 기록은 사실 여부의 검토가 필요한 부분이다).

왕비를 보고자 하는 내 개인적인 바램이 너무 컸던 나머지 나는 예법에 어긋난 일을 저질러 버렸다. 왕과 왕비가 거처하는 내전(內殿)과 우리가 있는 접견실 사이를 가로 막고 있는 종이벽에는 손가락으로 뚫은 엿보기용 구멍이 하나 있었는데, 이로 미루어 보건대 내가 하고자 했던 일이 전혀 전례(前例)가 없던 일은 아닌 듯 했다. 나는 위험을 무릅쓰고 구멍을 하나 뚫어 마침내 궁녀들에 의해 옹위(擁衛)된 왕비를 보고야 말았던 것이다.

그러나 마땅히 부여되는 존경의 표징(表徵)들을 보고서야 비로소 누가 왕비인지를 알아차릴 수 있었다. 그녀의 의상은 모시고 있는 시녀들의 의상과 매한가지로 비단 종류와 얇은 천으로 이루어져 있었고 매우 화려해 보였다. 땋아서 만든 머리 장식은 매우 복잡하여 왕관 모양으로 얹혀 있었고 머리의 중간중간은 보석으로 치장했다. 또 최소한 60센티미터 길이는 됨직한 거대한 비녀를 꽂았는데 이러한 머리 장식은 가뜩이나 평균치가 못 되 보이는 키를 가진 왕비들에게는 과중한 부담이 되는 것처럼 느껴졌다. 다른 모든 한국 여인네들처

럼 왕비와 시녀들도 너무 화장을 진하게 했기 때문에 그들의 나이는
물론이려니와 심지어 얼굴 모습을 짐작하기조차 어려울 지경이었다
(『조선에서(En Corée)』).

3. 프랑뎅(Frandin) 소장 사진에 대해

1) 소장사진의 성격

프랑뎅(Frandin)이 프랑스공사로 조선에 체류했던 기간은 1892년 4
월에서 1894년 2월, 약 23개월이다. 이는 외교관으로는 짧은 체류였
다. 그러나 그가 체류했던 1890년대의 초기는 전국 각지에서 많은
민란이 일어났으며, 동학농민봉기도 이 시기에 시작되었는데, 그의
체류 기간 동안에 일어났던 중요 사건을 연표 형식으로 요약하면
다음과 같다.

▪ 1892년 : 봄 명성성당 착공, 8월 정초식 거행.
　　　　　　4월 부산의 일본 영사관이 총영사관으로 승격.
　　　　　　11월 용호영·총어영·경리청을 친군이라 부름.
　　　　　　11월 조청 윤선공사 창설, 소기선 2척으로 인천-서울간의 한강
　　　　　　　　에서 화물과 조미를 운반.
　　　　　　12월 일본에서 은화 25만원을 차관.

▪ 1893년 : 1월 장위영 하신영 병정을 상신영에 합설하고, 하신영은 총어영
　　　　　　　　에, 총어영 신영은 장위영에 이속.
　　　　　　2월 척외·척양을 주장하는 동학교도들의 벽보가 서울에 나붙
　　　　　　　　자 민심이 술렁거리고 주한 외교관들은 본국 정부에 군함
　　　　　　　　증파를 요청.
　　　　　　4월 동학교도 2만여 명 충청도 보은에 모여 척외·양의 기치를
　　　　　　　　들고 농성 시위.

▪ **먼 나라 꼬레(Corée)**

7월 경리청 북한산 행궁 및 각 공해의 성첩 증수 완료.
11월 3일 서대문구 중림동에 최초의 양식 성당 약현성당 준공.

▪ 1894년 : 1월 중리 일본공사관 실화로 전소.
2월 전라도 고부농민 동학접주 전봉준의 영도 하에 항쟁을 일
으킴.

이 짧은 중요사건 일지에 다 나타나 있지 않지만, 사회적으로는 1885년부터 1893년까지 30여건의 크고 작은 민요·민란이 일어나는 불안한 시대였다. 1894년 정월에는 전라도 고부에서 일어난 민란이 동학과 결부되어 갑오동학농민전쟁이라는 대사건이 일어났던 중요한 시기였다. 그리고 정책면에서도 근대적인 시설은 전무한데도 모두가 국가 발전에 힘을 모으지 않고 정치 보복에만 치중해 행정은 극도로 문란해지고 국고는 바닥나 재정은 고갈되어 국민 경제의 파탄을 초래하게 되었다. 그리고 여기에 일본과 청나라 사이에 한반도에서의 주도권 다툼은 치열해지고, 기타 국가들도 자국의 이익을 위해 동분서주하던 시기였다.

이번 경기도박물관에서 전시하는 프랑뎅(Frandin) 공사의 한국 관련 소장 사진은 그가 외교관으로 활동하던 중국 텐진과 베이징·서울에서 촬영하거나 수집한 사진 중의 일부이다. 소장 사진의 촬영 연대는 1880년대에서 1890년대로 격동기의 한국의 다양한 실상이 담겨있다. 그의 유품은 현재 파리에서 건축업을 하는 손자뻘 되는 끌로드 칼메트(Calmettes)가 소장하고 있으며, 이번에 전시되는 사진도 그의 소장품의 일부이다(프랑뎅은 칼메트의 대고모부가 된다).

필자가 이번에 전시되는 사진들을 프랑뎅(Frandin)의 소장 사진이라고 한 것은 본인이 직접 촬영했느냐 아니면 조선에 체류하는 동안에 수집한 것이냐, 또는 일부는 촬영하고 일부는 수집한 것이냐

하는 문제와 관련되어 있기 때문에 편의상 붙인 명칭이다. 다시 말하면 전체의 사진들을 검토해 보면 프랑뎅(Frandin) 공사가 직접 촬영한 것으로 생각되는 사진도 있지만, 어느 것은 외국 여행가들이 촬영했거나 조선 내의 사진사들이 자신의 사진관에서 촬영한 사진들도 있다. 또 어느 사진은 개인의 저서에 게재되어 있거나 촬영자 이름이 밝혀진 사진들도 있기 때문이다. 당시에 고객들이 사진관에 의뢰한 사진 유통 관행은 인화된 사진을 사진관 상호가 인쇄된 대지에 붙여 고객들에게 제공하는 일부 사진관도 있었으나, 그렇지 않은 사진들의 대부분은 촬영자의 이름을 밝히지 않고 통용했기 때문에 특별한 경우가 아니고는 누가 촬영했는지 분간하기란 어렵다. 사진관을 운영하는 일부 사진사들, 특히 일본인 사진사들 중에는 여러 가지 사진들을 촬영해 외국인들에게 판매하는 사진 방매소(放賣所 : 당시에는 여러 가지 풍경이나 건물 등을 촬영해 만든 사진들을 판매하는 사진관도 있었는데, 이러한 상업적인 업소를 신문에서는 사진 방매소라고 했다) 같은 상업적인 라이브러리를 운영하거나, 그 외의 일반 사진관에서도 원하는 사람에게 사진을 제공했기 때문에 그 때도 지금과 같은 다양한 상업적인 방법으로 거래가 이루어지지는 않았지만, 필요로 하는 사진들을 구입할 수 있었다. 프랑뎅(Frandin)도 촬영하지 않은 사진은 이러한 여러 경로를 통해 구입했을 것으로 생각된다.

프랑뎅(Frandin)이 소장하고 있는 사진의 일부는 그 자신이 촬영한 것으로 생각되는데, 현재 보존된 감광판(오늘의 셀룰로이드에 감광 유제를 바른 것과는 달리 유리판에 유제를 발라 사용하던 시대의 감광판)을 참고하면, 10×12인치(254×305밀리) 크기의 감광판을 사용하는 카메라를 사용했던 것으로 추측된다.

그리고 이 카메라에 사용했던 감광판은 오늘과는 달리 건판을 사용하던 시기였기 때문에 건판을 사용했던 것으로 추측된다. 건판은 1871년 영국의 의사인 리처드 리치 매독스가 발명한 감광판으로, 이것을 1878년 베네트가 저감도의 건판을 감도를 높여 고감도 건판으로 개발해 일반에 보급했다. 이 건판의 특징은 습판이라는 지금까지 촬영 전에 감광판을 만들어 촬영하고 곧바로 현상해야 하는 불편함을 해소한 감광판으로, 원하는 곳은 어디나 휴대하고 여행할 수 있는 지주체 만 다를 뿐, 오늘의 필름과 거의 같은 감광판이었다. 이 감광판은 공장에서 대량 생산되어 소비자들에게 공급되면서 습판을 물리치고 전 사진계를 석권했다. 프랑뎅(Frandin)의 카메라에 사용했던 감광판도 시기적으로 보아 습판이 아니라 이미 대중화되어 있던 건판을 사용했던 것으로 생각된다.

그가 사용한 10×12인치 크기의 감광판 사용 카메라는 오늘에는 거의 사용하지 않는 대형 카메라이지만, 당시에는 이 정도의 크기는 중형으로 분류될 정도로 대형 카메라를 선호하던 시대였다. 이러한 경향은 당시에는 확대 방법이 발달되지 않고, 감광판 그대로 밀착해서 사진을 만들어 보아야 했기 때문에 사진을 크게 보려면 아무래도 큰 감광판으로 찍어야만 밀착을 하더라도 크게 사진을 볼 수 있었기 때문이었다. 10×12인치의 큰 화면을 찍는 카메라라고 하지만, 감광판 장전 부분과 렌즈를 부착하는 부분 사이 중간에 주름상자를 설치했기 때문에 간편하게 휴대할 수 있고, 또 부피도 그렇게 크지 않았다.

그러나 카메라 자체가 대형이기 때문에 오늘의 우리가 사용하는 35밀리 카메라처럼 손에 들고 다니면서 언제 어디서나 촬영할 수 없는, 약간 사용에서의 제한적인 기종이었다. 몸체를 받치는 삼각대는 필수적인 액세서리였으며, 화면이 크기 때문에 초점을 맞추는데도 상당한 주의가 필요했다. 뿐만 아니라 감광판의 감도가 오늘의 필름과는 비교되지 않을 정도로 낮기 때문에 빠르게 움직이는 것은 찍을 수 없어, 대부분의 피사체는 정지된 상태로 찍혀졌다. 오늘의 카메라들과 비교하면 프랑뎅(Frandin)이 사용했던 4절판 휴대용 카메라는 촬영 때마다 인내력과 세심한 주의가 필요했던 사진기였다.

2) 다양한 장면의 사진들

전시된 150여 점의 사진들은 내용이 일부 중복되거나 또는 비슷한 장면을 제외하면 130여 점으로 조선 말기의 여러 역사적 상황이나 사건들을 접할 수 있는 귀중한 자료적인 역할뿐만 아니라 당시의 역사적 사실을 읽을 수 있는 내용들을 담고 있다. 이 사진들의 촬영된 시기는 정확하게 파악되지 않지만, 1880년대에서 1890년대 무렵이며, 대원군의 초상사진을 제외한 대부분의 사진은 우리나라에서 촬영된 것들이다.

프랑뎅(Frandin)의 소장 사진들은 일부를 제외하고는 대부분 설명이나 제목이 붙어있지 않아 사진을 읽는데 어려움이 따른다. 그러나 해독될 수 있는 이미지와 그의 메모를 참고하면 사진의 내용이 어느 정도 석명되는데, 이를 바탕으로 그의 사진을 이해하기 위해 다음과 같이 분류해 보았다.

① 프랑뎅(Frandin)의 조선 관복 차림의 초상 사진

② 조선 고관들의 초상 사진 – 이하응 · 이하영 · 민영달 · 민종묵 · 민영소 · 민영달 · 이준용 등의 초상 사진과 조선 고관들과 함께 촬영한 기념사진

③ 공사관 및 주변 사진 – 프랑스 공사관 전경 · 공관 입구 · 공사관 내의 집무실 · 집무실 내부

④ 공사관 가족들의 기념사진－공사관 내에서의 기념 촬영·공사관 가
   족들의 나들이 길에서 기념 촬영

⑤ 신식군대의 훈련과 기념사진

⑥ 북한산성과 남한산성－홍지문(弘智門), 북한산성 대서문·중흥사·
   북한산 전경, 남한산성 남문·한남루·수어장대

⑦ 서울 전경 사진－남산과 공사관 부근에서 바라 본 서울·일본공사
   관 및 공사관 훈련장·거류지역 전경

⑧ 외국 공사관－미국공사관·러시아 공사관·중국 공사관 입구

⑨ 국왕 행차－환궁 행렬, 수표교를 지나는 출궁 행렬

⑩ 조선인의 생활상－조선 선비의 가족들·공덕리·조선 여인·가마
   타고 가는 여인·궁중 기생·기생·옹기장수·지게꾼과 아이들·
   농사일 하는 농부·어린이들의 놀이

⑪ 기타

이들 사진 중에서 인상적인 장면은 조선의 대신들만 입을 수 있
는 관복 차림으로 병풍 앞에 포즈를 취하고 있는 프랑뎅(Frandin)의
초상 사진이다. 실내가 아닌 밖에 병풍을 처 배경으로 하고, 부채를
오른 손에 들게 해 사대부의 멋을 풍기게 했을 뿐만 아니라, 병풍의
연결 부분의 선에 걸치지 않게 세심하게 주의를 기울여 찍은 앉은
형태의 초상 사진이다. 조선의 고관들과 같은 날 촬영한 것으로 생
각되는데, 장소는 정동외교구락부나 프랑스공사관에서 촬영된 것으
로 추정된다. 오른 손에는 부채를, 왼손에는 시가를 들고 있고, 또
한 장의 사진에는 오른손에 들었던 부채가 없지만, 배경으로 한 병
풍이 같고 또 같은 자리에서 같은 시기에 촬영한 비슷한 사진이다.
프랑뎅(Frandin)은 외국 공사로서 조선 정부 대신의 관복을 빌려
입고 초상 사진을 찍었는데, 이 초상 사진의 흥미 있는 점은－이날
같이 촬영했을 것으로 추측되는 이하영이 관복을 입고 촬영했던 점

으로 미루어－대신의 관복을 빌려 입고 카메라 앞에 포즈를 취했던 것으로 생각되기 때문이다. 그러나 프랑댕(Frandin)이 마치 일상복을 입고 촬영할 때 여러 가지 액세서리를 손에 들고 포즈를 취한 것처럼 부채를 손에 쥐고 있다든지, 피우던 시가 담배를 손에 들고 태연스럽게 포즈를 취한 것은 관복에 대한 의례를 무시했거나 아니면 잘 알지 못했던 것으로 생각된다.

또 그의 소장 사진을 통해 프랑스공사관의 여러 모습들도 찾아볼 수 있다. 건물 보수 중에 촬영한 것으로 생각되는 공사관 정문·후문, 인접한 러시아공사관의 모습, 공사관 안채·집무실·개조된 창문이나 그곳에 쳐진 커튼·서양식 의자·기름등 등 1890년대의 주한프랑스공사관의 여러 모습도 찾아볼 수 있는데, 공사관은 한옥이었다. 그러나 한옥과는 별도로 용도를 알 수 없는 양옥도 있었던 것으로 사진에 나타나 있다.

또 우리의 관심을 끄는 사진은 조선 고관들의 초상사진들로 대원군 이하응·민영묵·민영소·민영달·이준용·이하영 등의 이름이 그의 메모에 기록되어 있는데, 대원군 이하응을 제외하면, 배경이나 앉은 의자·카메라의 위치 등으로 볼 때, 몇 사람은 같은 날 같은 장소에서 개개인 초상 사진을 촬영하고, 또 다시 다같이 모여 단체사진을 촬영했던 것으로 생각된다.

프랑댕(Frandin)이 제례 담당 장관이라고 한 민종묵(閔種默, 1835～1916)은 형조·병조·공조판서를 역임하고 1889년부터 독판교섭통상사무에 취임하여 3년간 각국과의 중요한 통상사무를 담당했던 인물이며, 공조판서라고 했던 민영소(閔泳韶 1852～?)는 1878년 문과에 병과로 급제, 1885년 병조참지가 되었다가 춘천부사·호조판서·직제학·병조판서·한성부윤을 지냈다. 또 호조판서라고 했던 민영달(閔泳達, 1859～?)은 경기관찰사, 형조·예조판서를 거쳐 1894년 호조판서에 올랐으며, 왕궁의 대신이라고 했던 이하영(李夏榮, 1858~1919)은 미국 주재 조선공사관 서기관을 거쳐 승정원 우부승지와 회계원장을 역임하였다. 그리고 제례를 맡은 대신이라고 했던 이준용(李埈鎔, 1870~1917)은 흥선대원군의 손자로 대사성·홍문관 직제학·도승지를 역임하였다.

이 초상 사진에 대해서는 여러 가지 설명이 있어 프랑뎅(Frandin)이 기록해 두었던 메모와 맞지 않는 부분들도 있다. 먼저 프랑뎅이 촬영했을 때처럼 병풍을 배경으로 해서 촬영한 이준용의 초상 사진은 나이와 전혀 동떨어진 모습을 하고 있어 의문이 많은 초상 사진이다. 왜냐하면 이준용이 1870년 출생이기 때문에 프랑뎅(Frandin)이 촬영했을 것으로 추측되는 1893년 무렵일 때의 나이는 불과 23살밖에 되지 않기 때문이다. 또 그 무렵에 이준용은 대신의 반열에 오르지 못했던 시기일 뿐만 아니라 무엇을 의미하는지 모르지만, 20세밖에 되지 않았던 이준용을 외무대신이라고 한 것은 뭔가 기록을 잘못한 것으로 생각된다.

그러면 외무대신이란 누구를 말하는 것일까? 조선일보 발행『격동의 구한말 역사의 현장』이란 화보집에서는 1894년 8월 김홍집 내각이 출범한 이후라면, 첫 외무장관이 김윤식이기 때문에 그일 수 있으며, 그렇지 않고 갑오내각 이전에 찍은 것이라면 외무독변 조병직일 가능성도 배제할 수 없다고 했다.

공조판서라고 했던 민영소는 프랑뎅(Frandin) 재임기간에 촬영된 것이라고 하면, 그 기간에 공조판서에 재임했기 때문에 어느 정도 확실한 것으로 생각되며, 호조판서라고 했던 민영달도 그 무렵에 형조·예조판서를 역임하고 호조판서는 1894년에 올랐기 때문에 1893년경에 호조판서였던 어윤중일 가능성도 배제할 수 없다. 그리고 제례 담당장관이라고 했던 민종묵, 왕궁장관 이하영 등에 관해서도 의문은 남는다. 1892~1893년 무렵에는 시대상황과 맞물려 대신들이 자주 교체되었기 때문에, 그리고 설명된 관직이 그 당시의 사항인지, 아니면 이전의 관직인지, 그것도 파악할 수 없어 확실한 얼굴을 파악하지 않고는 누구를 찍은 것인지 분별해 내기가 어렵다. 다만 프랑뎅(Frandin)이 기록한 메모와 메모에 나타난 인물들의 이력을 맞추어 프랑뎅(Frandin)의 재임 기간을 기준으로 하여 추정해 볼 수 밖에 없다. 그리고 이 초상 사진들은 1894년 9월 2일자 프랑스 파리의 화보신문이었던 「르 주르날 일뤼스트레」에 프랑뎅(Frandin)이 소장한 사진과 같은 사진을 게재하고 있는데, 사진 설명 역시 외무대신·공무대신·탁지부대신이라고 게재되어 있다.

이들은 각기 초상 사진 촬영이 끝난 후 모델들처럼 의상을 갈아입고, 또 의관도 고쳐 쓴 다음 같은 장소로 생각되는 곳에서 프랑뎅(Frandin)의 기록에 의하면, 앞줄 오른쪽에서부터 프랑뎅(Frandin)·민영소·민영달·이준용·이하영·민종묵 등이 의자에 앉고 뒤에는 수행원들과 공사관 관계자 등이 함께 서서 기념사진을 촬영하는 것도 잊지 않았다.

1882년 중국 텐진에서 촬영된 대원군의 초상 사진은 어떻게 해서 프랑뎅(Frandin)이 소장하게 되었는지 궁금하고 흥미로운 대목이 얽혀 있는 사진이다. 대원군은 고종황제의 생부로, 1882년 7월 12일 청군에 납치되어 중국 텐진에 붙잡혀가 심문을 받은 후인 8월 12일 무렵 그곳의 유명한 사진사 양시태(梁時泰)라는 사람이 촬영한 것이다. 대원군 사진은 화면에도 나타나 있는 것처럼 1882년 임오군란(壬午軍亂) 후에 조선에 와 있던 청군에 의해 중국 텐진으로 끌려가 그곳 영무처에서 심문을 받은 후 직예총독서가 있던 바오딩(保定府)에 유폐당하기 바로 전에 촬영한 것이다. 프랑뎅(Frandin)이 이 사진을 입수하게 된 사정은 확실치 않으나, 대원군이 청군에 의해 텐진에 끌려왔을 때, 그는 텐진 주재 프랑스영사관의 통역관겸직 총영사로 있었고, 또 이 사건은 당시 텐진 외교가에도 널리 알려진 사건이었으며, 또 그가 중국에 체류하면서 조선에 많은 관심을 가졌던 점 등 이러한 일들이 원인이 되어 양시태조상관(梁時泰照像館)을 통해 대원군의 사진을 입수했을 것으로 생각되지만, 이것은 어디까지나 추측에 불과하다.

프랑뎅(Frandin)의 소장 사진 중에는 화상이 선명하지는 않지만, 남산과 프랑스공사관에서 바라 본 서울의 모습과 일본과 러시아 공사관 주변의 모습들도 찾아 볼 수 있다. 특히 그의 사진 중에 일본 공사관 또는 일본인 거주지역이라는 설명이 붙은 전경 스타일의 사진들이 주목을 끈다. 일본군 야외군사훈련장으로 보이는 사진 속에는 국기 게양대와 부대의 깃발·훈련막사·야외 화장실로 여겨지는 시설물이 보이고, 또 다른 사진에는 오른쪽으로 훈련막사가 보이고 훈련장을 표시하는 울타리가 둘러져 있다. 뿐만 아니라 양식 건물로 지어진 일본공사관도 찾아 볼 수 있다. 오늘의 진고개, 약간 언덕진 남산 기슭에 세워졌던 이 건물은 건축한 지 얼마 되지 않은 1894년 초에 불타버린 건물도 찾아 볼 수 있다.

4. 사진은 역사를 남긴다

1) 유럽의 문화가 담긴 기념사진

프랑뎅(Frandin) 소장 사진 중에서 가장 많이 차지하는 부분은—기념사진이란 명칭이 적합한 지 확신이 서지 않지만—기념사진이다. 흔히들 기념사진은 개인의 사적인 기록이기 때문에 사진 속에 찍힌 이미지를 개인적인 일에만 국한해서 생각하게 된다. 그러나 개인의 기념사진에도 다큐멘터리적 요소뿐만 아니라 중요한 역사를 읽을 수 있는 자료적 역할도 그 속에 담겨있다는 점이다. 우리가 흔히 접할 수 있는 가족사진의 경우를 보더라도 이것을 옛 것과 오늘의 가족사진을 비교해 보면, 큰 변화 모습이 담겨져 있는 가족사를 엿볼 수 있고 그 외에도 시대적인 특징들을 찾아 볼 수 있다. 1900년경의 가족사진에는 3대나 4대가 함께 찍힌 대가족의 모습을 흔히 볼 수 있고, 이와는 달리 1세기가 지난 오늘의 가족사진에는 부모와 직계 자녀만 그 속에 나타나 있어 100년간의 시간 속에 대가족이 핵가족으로 이행되어 온 변화 모습도 찾아볼 수 있다.

프랑댕(Frandin)과 주변 사람들의 기념사진도 한국에 왔던 1890년대의 서양인들의, 그들이 이곳에 살면서 그때그때 기념할만한 순간에 촬영되었다는 것을 기조로, 설명은 되어있지 않지만, 다양한 역사적 사실이 그 속에 담겨 있다. 이 사진들은 공사관 주변에서 촬영한 사진도 있고, 공사관으로 생각되는 집무실이 찍힌 사진들도 있다.

공사관에서 찍은 사진에는 잔디밭을 조성해 횟가루로 선을 표시하고 네트를 나무에 묶어 줄을 땅에 못을 박아 설치한 테니스 코트 옆에서 정구 라켓을 들고 촬영한 기념사진도 있는데, 아마 정구 경기가 끝나고 휴식 중에 촬영된 것으로 추측된다. 이 추측이 맞다면, 프랑스공사관에는 당시로는 희귀한 운동 경기를 할 수 있는 정구장이 일찍부터 설치되어 경기를 해 왔다고 할 수 있을 것이다. 이와 관련하여 우리나라에 정구가 언제 들어 왔는지 궁금해 정구와 테니스 협회에 문의했던 바, 테니스가 아닌 정구가 처음 들어 온 것은 1908년이라고 했다.

그렇다고 하면 프랑스공사관에서 테니스를 치고 기념사진을 찍었던 시기가 1892～1893년 무렵이라면, 우리나라에 정구가 들어 왔다는 1908년 이전에 외국인들이 그 보다 훨씬 이전에 테니스를 했다는 사실을 담고 있는 기념사진이라고 할 수 있을 것이다.

우리의 정구와 테니스 역사를 살펴보면, 우리나라에 정구가 처음 들어온 것은 1908년 4월 지금의 재무부에 해당되는 탁지부(度支部)의 일반 관리들이 친목을 위한 회동구락부(會洞俱樂部)를 조직, 바둑·장기·궁사·정구 등의 시설을 갖추고 이듬해 5월 여흥식 경기대회를 개최한 것이 시초인데, 이 당시의 정구는 1890년경 테니스용품을 구하기 어렵게 된 일본에서 말랑말랑한 고무공과 가벼운 라켓으로 변형된 테니스를 했던 연식정구였다. 그리고 이와는 달리 테니스는 1895년 우리나라에서 설치한 육영공원의 교사로 초빙된 미국 선교사 뱅커와 제중원의 앤더슨에 의해서 였으며, 서울 정동의 미국대사관 자리에 코트를 만들어 친 것이 시초라고 되어 있다.

이로 미루어 보면, 프랑뎅(Frandin)의 기념사진은 우리가 알고 있는 테니스의 역사와는 달리 1890년대 초에 이미 프랑스공사관에 테니스 코트를 조성하고 공관원이나 가족들이 경기를 했다는 사실을 설명해 주는 중요한 자료가 된다.

프랑뎅(Frandin)과 주변 사람들의 기념사진에는 프랑스공사관의 가족 나들이에서 촬영된 사진들도 있다. 이 기념사진도 우리에게 여러 가지 정보를 제공하는데, 가마를 이용해 여행했다던가, 망원경·샴페인 등과 라이플 사냥총을 휴대했던가 하는 구경거리 보다 어린 이로부터 장년에 이르기까지 다양한 나이 계층의 남녀가 입고 있는 1890년대의 프랑스 패션을 그 속에서 찾아 볼 수 있다. 여행길에 나섰지만 모두 정장을 하고 거의 대부분 모자를 썼으며, 외투까지 받쳐입은 전통적인 프랑스식 정장차림이다. 1890년대의 프랑스 패션은 프랑스공사관원들을 통해 조선 민중에게 선보였으며, 이들이 출행할 때마다 많은 조선인들의 시선을 끌었을 것으로 생각되는 기념 사진이다.

2) 국왕의 행차

그의 소장 사진 중에는 조선 국왕의 환궁과 출궁 할 때 찍은 왕의 행차 장면도 있다. 국왕이 탄 가마[輦]는 보이지 않지만, 각종의 깃발과 기구를 앞세운 군사 행렬이 수표교 위를 지나가는 출궁 때의 모습과 환궁할 때 서대문 밖에 길게 뻗친 병정들의 행렬과 이를 구경하기 위해 길가와 산 위에까지 모여든 수많은 인파들이 장관을 이루고 있다.

수표교 위를 지나는 왕의 행차 사진은 2장으로, 하나는 왕이 탄 가마가 제례에 참석차 영희전으로 가기 위해 창검을 세워 호위하는 군사들에 휩싸여 수표교를 지나는 행렬이고, 또 1장은 같은 장소에서 촬영된 왕의 가마를 호위하는 그룹이 지나간 다음을 뒤따르는 행렬을 찍은 사진이다. 고종의 행차 목적지는 영희전(永禧殿)으로, 수표교 건너 얼마 되지 않는 지금의 중구 저동 2가 62번지 중부경찰서 부근에 있었던 조선 왕조의 태조·세조·원종·숙종·영조·순조의 영정을 모시고 제사지내는 전각이었다. 국왕은 이곳에 2년을 주기로 거동해 2월(음력) 중에 작헌례(酌獻禮)를 거행하였다.

국왕이 제사에 참석하거나 사열 또는 사냥 등을 하기 위해 도성 안이나 도성 밖으로 행차할 때는 금위영과 어영청·훈련도감 등 3군에서 신변보호를 담당했는데, 『대전회통』「병전」에는 국왕의 친림하에 거행되는 대열(大閱)·강무(講武)·순행(巡幸)·타위(打圍) 및 국왕이 친행하는 제사 등 행사 때에는 미리 병조에서 국왕의 명을 받들어 공문을 각기 담당 군영에 전달했다.

도성 안이나 밖으로 행차할 때는 1년씩 교대로 금위영과 어영청에서 어가를 모시고 뒤따랐는데, 도성 안의 행차에는 장교 1명, 병졸 4명이 한 조가 되어 숭례문·소의문·돈의문·혜화문·홍인문·광희문 등의 성벽 위와 남산·무악재·북악·인왕산 위·창덕궁 뒷산·동관묘 뒷산·왕십리 뒷산 등 14곳에 척후병을 배치하고 숭례문·소의문·돈의문·창의문·혜화문·광희문 밖 삼거리에 복병을 배치하였다. 도성 밖 행차 때는 훈련도감에서 척후와 복병을, 큰길의 왼쪽 파수는 금위영에서, 오른쪽의 파수는 어영청에서 담당했다. 행렬의 진행 방향에 따라 높은 산봉우리나 고지대에 척후병을 세웠으며, 요소요소에 복병을 배치했다.

동서양을 막론하고 국왕의 거동은 최대의 관심사여서, 우리나라 사람들뿐만 아니라 서양 사람들에게도 조선기행문 속에 자주 등장한 것으로 미루어 대단히 흥미로운 장면이었던 것 같다. 프랑뎅(Frandin)도 왕의 환궁과 도성 안의 거동 행렬에 대해『조선에서(En Corée)』라는 그의 견문록에 흥미진진한 내용을 기술하고 있다.

아무튼 이 행렬은 자세히 기록해 둘 필요가 있다. 우선 선구(先驅)를 앞세우고 장군이 한 사람 등장한다. 서울에는 동·서·남·북의 4개의 군단(軍團)이 있는데, 한국에서는 4방위(方位)가 모든 활동에 있어 가장 중요한 기준과 표지가 된다는 사실에 대해 나는 이미 주의를 기울인 바 있다. 여러 가지의 화려한 빛깔로 치장한 번쩍이는 갑옷을 착용한 장군은 구식 무기로 무장하였다. 장군과 그의 뒤를 따르는 군관들은 거의 기립(起立)한 모습으로 말을 탔는데 굴레를 잡고 말을 몰고 가는 병사들이 그런 식의 불편한 자세를 취하고 있는 상관들을 밑에서 받치고 있다. 이들 일단(一團)은 백 명에 이른다.

그 다음으로 다른 장군 한 명과 앞에 지나간 일단과 같은 수의 병사들이 화려한 채색 깃발을 치켜들고 지나간다. 그 뒤로는 포병 소대, 속사(速射) 기관총 사수들, 야포(野砲), 대궐 근위병(近衛兵)들이 열을 지어 통과한다. 위풍당당한 태도만큼이나 그들의 제복도 장엄해 보인다. 유럽풍의 군복을 입은 사병들이 열을 지어 군중들을 막고 있는 가운데 60명의 근위병들이 호위하고 있는 왕의 옥좌가 드디어 나타났다.

이 옥좌야말로 진짜 왕의 의자라고 할만한 것으로, 전체적으로 붉은 색깔이며 황금 빛 용이 발톱으로 매달려 있는 모습이 조각된 기둥과 기타 다른 조각(彫刻)들로 장식되어 있었다. 파고다 형상을 한 옥좌 지붕에는 악천우가 닥칠 경우 왕을 보호할 주렴이 드리워져 있었다.

가마꾼들이 입고 있는 노란 색 생삼배옷은 햇빛을 받아 금색으로 빛나고 있었는데 마치 우주를 다스리는 신이 한국 군주와 동행하여 그를 보호하고 있다는 환상을 불러 일으키게 만드는 것 같았다. 그 효과는 대단히 큰 것으로, 동양의 모든 국가들에 있어서 군주의 행차가 그러하듯 자연 그 힘을 발산하면서 놀라운 배경 효과를 만들어 준 것이다. 왕이 앉아 있는 옥좌 뒤에도 병사들이 열을 지어 따르고 있었고 그 선두에는 장군이 한명 섰으며, 그 뒤로 왕세자의 근위병과 짐꾼들이 오게 된다.

… 왕의 행차는 그 목적에 따라, 또 기온에 따라, 혹은 왕의 개인적 기분에 따라 간혹 장시간 지체되기도 한다. 만약 환궁하는 행차가 늦어지면 거동이 통과하는 길목마다 횃불을 준비하여 켜게 된다. 횃불은 키가 큰 대나무를 땅에 박아 두고 그 위에 관솔불을 켜서 만드는데, 이 기다란 횃불은 마치 행차를 비웃기라도 하듯이 행렬을 휩싸는 먼지를 쓸어내려는 기괴하고 거대한 빗자루와도 같아 보인다. 그러나 막상 밤이 되어 이 괴상한 횃불에 불이 켜지면 그 광경이야말로 참으로 신비하게 보인다. 횃불의 불꽃과 연기가 내뿜는 섬광(閃光)과 그림자가 수천 가지 색깔의 의복과 깃발들과 무기들을 뒤덮으면 아주 환상적인 효과가 나타나게 된다. 이 때 동양인들이 취하고 있는 엄숙한 부동 자세를 보고 있노라면, 마치 인류의 화석이 그 본디 형태인 대리석이나 바위로부터 떨어져 나와 가공할 만큼 엄청난 밤의 축제를 따라가는 것 같은 착각을 불러일으키게 된다(『조선에서(En Corée)』).[1]

---

1) 이상의 인용문은 김상희·김성언 옮김, 『프랑스 외교관이 본 개화기 조선』, 2002, 태학사의 번역문을 전재했음을 밝힌다.

3) 장위영을 방문한 프랑스 공사 일행

프랑뎅(Frandin) 소장 사진 중에서 가장 흥미를 끈 부분은 시기가 시기이기도 해서 그런지 모르지만, 병사들이 연병장에서 훈련을 받고 있는 장면과 이와 관련된 기념사진이다. 그의 메모에 의하면 프랑스 무관인 드라브리의 조선 방문을 계기로 군영을 방문하게 되고, 이를 계기로 기념사진을 포함해 몇 가지 중요한 장면을 촬영하게 되었던 것 같다. 그러나 장소나 군영ㆍ영사 등의 이름도 자세하게 밝혀진 게 없어 중요한 사진으로 추정은 되지만, 이것을 설명할만한 자료는 남기지 않았다.

필자는 프랑뎅(Frandin)의 재임 기간을 참고로 이 무렵에 시행된 군제는 어떠했으며, 촬영된 장소는 어디였는가를 찾는 일에서 이 사진에 숨어 있는 역사적 사실을 재발견하려고 했다. 선입견이 큰 문제라고, 일부 사진의 배경으로 되어 있는 문루는 현장을 답사하기 전의 생각으로는 훈련원이 을지로 6가에 있었기 때문에 당연히 동대문이겠거니 하고 지레 짐작을 했다. 그러나 막상 현장을 답사했을 때는 사진에 나타난 문루의 모습은 동대문 밖 이대부속병원 밑이거나, 아니면 건너편에서 바라 보아야 비슷하게 나타났지만, 사진을 촬영했을 것이라고 생각되는 장소는 아니었다. 그리고 신식군대의 훈련장이었던 훈련도감이 있었던 동대문야구장, 그리고 훈련원이 있었던 국립의료원 일대에서 동대문 쪽을 바라 보아도 문루 모습은 사진 속의 모습처럼 촬영되지 않았다.

동대문 부근의 훈련원을 방문했을 것이라고 지레 짐작했던 생각은 현장 답사에서 완전히 빗나갔으며, 사진 속의 장면은 이곳에서 찾을 수 없었다. 생각다 못해 광화문으로 발걸음을 옮겨 옛날의 광화문은 아니지만, 현재의 광화문을 중심으로 사진 속에 나타난 문루가 어디 쪽에서 비슷하게 보이는지, 비슷한 곳을 찾게 되었다. 처음에는 군영이기 때문에 세종문화회관과 정부종합청사 사이의 병조 터가 아닌가 해서 그곳을 찾아 사진과 대조해 보았으나, 정부종합청사가 가려 확인하기도 힘들었지만, 문루가 너무 멀게 보였다.

옛날의 광화문은 아니지만 이를 기준으로 배경이 되는 북악산과 문루의 형태 · 광선 상태 등을 참고해 위치를 탐색한 결과 광화문 바로 옆 조선시대의 예조가 있던 의정부 청사 맞은 편인 서부 적선방, 현재 종로구 세종로 77번지 6호의 정부청사 자리에서 촬영했을 때에만 사진과 같은 문루가 찍혀진다는 사실을 밝혀내게 되었다.

그러나 이것은 현장 답사에서 사진 촬영 장소를 찾은 것일 뿐, 예조가 있던 이곳에 언제 군영이 언제 설치되고, 또 1890년대에 프랑스 공사와 무관이 이곳을 방문했을 때도 존속하고 있었는지, 이에 대한 것까지 밝혀진 것은 아니었다.

다음 작업은 조선군제 변천에 대한 자료를 통해 사진과 합치되는 장소를 밝히는 문제였다. 『조선군제사』에는 조선 말기인 1865년 조정에서는 의정부의 기능을 확대 · 강화하기 위하여 비변사를 의정부에 통합하면서 삼군부를 복설하게 되는데, 의정부 청사 맞은 편인 서부 적선방, 현재 종로구 세종로 77번지 6호의 정부청사 자리에 있던 당시 예조의 자리에 삼군부가 들어서고, 예조는 현재 종로구 세종로 84번지 정보통신부 · 한국통신공사에 있던 한성부 자리로 이전했으며, 한성부는 경희궁 동쪽 종로구 신문로 2가 1번지 일대에 있던 훈국신영 자리로 이전했다고 나타나 있었다. 그리고 삼군부는 1888년(고종 25년) 4월에 다시 개편되어 우영 · 후영 · 해방영은 합해 통어영이 되고, 별영은 총어영으로, 전영과 좌영은 합해 장위영으로 재편되었다. 그리고 각 영은 영기를 게양했으며, 총어영의 영

색은 백색, 통어영은 황색, 장위영은 청색으로 표시했다. 총어사에
는 민영익, 장위사에 한규설, 총어사에 이종건이 각각 임명되었다.

이로 보면 사진에 나타나 있는 문루는 광화문이며, 병정들이 원형
으로 도열하고 있고, 문루가 함께 촬영될 수 있는 장소는 바로 이
문의 바로 옆, 현재 정부종합청사가 있는 조선시대의 예조의 자리
로, 이곳에 연병장과 병영이 있었던 것으로 추론된다. 또 하나 이것
을 뒷받침하는 사진 자료로 광화문이 찍힌 육조 거리가 나와 있는
장면인데, 이 사진의 왼쪽, 광화문의 오른 쪽에 프랑뎅(Frandin)의 사
진에 나타나 있는 것과 똑같은 영기가 세워져 있고, 일부 3영의 건
물이 찍혀 있다.

프랑뎅(Frandin)의 사진들은 군사 훈련 중의 모습과 이를 방문한
프랑스공사와 드라브리 해군 무관, 그리고 수행들과 조선 측의 장위
사 한규설과 간부들이 영문 밖에서 함께 촬영한 기념사진 등이다.
병사들의 훈련 장면은 총검술 훈련과 원형 형태로 도열해 총을 들
고 사열 태세를 갖춘 채 촬영된 것이다.

조선과 프랑스 인사들의 기념 사진은 프랑스 공사 프랑뎅(Frandin),
해군 무관 드라브리를 비롯한 프랑스공사관 관계자들, 조선 무관 한
(韓) 장군(프랑뎅의 메모에는 한 장군으로 설명되어 있다. 앞줄 중앙
의 갓 쓴 이)을 비롯한 조선측 관계자들이 함께 촬영한 것들이다.

프랑뎅(Frandin)이 한 장군이라고 했던 인물은 당시 장위영의 영사
인 한규설(韓圭卨)로, 그는 한규직의 동생으로 일찍이 무과에 급제
해 포도대장을 역임하고, 프랑스 공사 일행을 3영에서 접견했을 무
렵에는 3영 중의 좌영인 장위영의 장위사로 재임하고 있었다.

오늘의 광화문 앞 정부종합청사 자리에 있었던 장위영은 자료에
의하면, 3영 가운데 좌영으로 친군 5영의 좌영·전영을 통합 계승
했으며, 부대 표시는 청색으로 하였다. 최고위직인 장위사는 한규설

이었으며, 도제조 1인·영사 1인·병방 7인·군사마 2인·문안 4인·정령관 1인·부령관 3인·참령관 6인·초관 16인·참군 2인·군의 4인·집사 49인·초장 30인·별무사 38인·서리 13인·서기 34인·대령서리 3인·고직 8인·대청직 10인·금송서원 1인·수령수 78인·등룡군 38인·병정 2,250인·작대병 1,960인으로 조직되어 있었다.

5. 옛날 사진 보는 즐거움

요즘에는 많은 사진전시회가 열리고 다양한 내용과 대상들을 다룬 훌륭한 전시회들이 많이 열리고 있다. 전람회장을 찾아 관람을 하다 보면, 어느 전시회의 사진들은 이해가 잘 안 되는 작품들도 있고 또 어느 전시회는 우리와 친근한 소재를 다루고 있어 쉽게 이해되는 사진을 전시하는 경우도 있다. 전시 사진들이 획일적이던 시대와는 달리 사진가들의 작업도 다양한 세계를 대상으로 하고 있기 때문에 보는 사람의 입장도 이에 따라 달라져야 하겠지만, 사진을 관람하는 방법이나 태도에는 큰 변화가 없는 것 같다.

사실 오늘의 사진전시회에 전시된 사진들을 어떻게 보아야 할 것인지, 보는 방법에도 진지한 논의가 이루어지고 사진가와 관람자 사이에 의미 전달이 이루어져야 전시 문화도 새로운 발전을 기대할 수 있을 것이다. 실제로 사진을 보는데도 전시에 따라, 사진 내용, 그리고 보는 사람의 취향에 따라 각각 다르기 때문에 사진을 어떻게 보아야 한다고 공식 같은 조언을 하기란 쉬운 일은 아니다. 그러나 전시를 보러 가는 분명한 목적은 사진 속에 담겨 있는, 사진을 찍은 사람의 의도나 예술성을 찾아보는 즐거움을 맛보기 위해서 일 것이다. 그러기 위해서는 사진에 대한 상식이나 지식도 갖추어야 하겠고, 일종의 감상이라는 보는 방법을 훈련하고, 사진에 숨어 있는 미학이라든가, 예술성·메시지 등을 눈여겨봐야 하는 부분에도 큰 관심을 가져야 한다.

이와는 달리 자주 전시되는 것은 아니지만, 옛날에 찍혀진 오래된 기록 사진들을 볼 수 있는 기회도 가끔 있다. 옛날에 찍은 오래된 사진들은 현재를 찍은 사진을 보는 것과 같이 이러한 미적·예술적인 요소를 감식해 내는 것도 중요하지만, 또 하나 중요한 것은 역사적인 측면을 이들 사진을 통해 찾아보아야 세월이 담긴 사진을 즐겁게 볼 수 있다는 것이다.

흔히들 옛날에 찍은 오래된 사진들을 사진의 내용과는 상관없이 옛날 사진·풍물사진·고사진, 그 외에도 여러 가지로 호칭하는 것을 듣고 보고 있다. 옛날 사진이나 고사진(古寫眞)은 오래된 사진이란 뜻에서 그렇게 부른다 치고, 풍물사진이란 무엇을 말하는지 이해가 잘 안 되는 이름이다. 한글사전에는 풍물이란 말을 '경치'라고 설명되어 있다. 거리나 건물·인간생활·산업·문화 등 옛날의 여러 모습이 찍힌 사진들을 풍물사진이라고 해서 경치나 구경거리로 생각하거나 보는 것은 적절치 못한 구경꾼의 태도라고 할 수 있을 것이다. 옛날에 찍은 오래된 사진은 사진가의 창조적인 작업의 산물임과 동시에 역사적인 기록물이고, 그 시대의 다큐멘터리 사진이라고 할 수 있다. 마치 고고학에서 발굴해 낸 유물을 통해 알려지지 않았던 잊혀진 시대를 밝혀내는 것처럼 사진도 오랜 세월을 지나면서 사라진 것들에 대한 사실의 증거로 그 시대에 접근할 수 있다는 점이다.

프랑뎅(Frandin)의 소장 사진들을 보는 즐거움도 일상의 전시장에처럼 감상이 아니라 그 사진 속에 감추어진 역사를 읽는데 있다. 예를 들면 프랑뎅(Frandin)이 '커다란 종이 있는 사찰'이라고 설명을 붙인 보신각 사진은 오늘의 보신각과는 위치도 다르고, 역할도 다른 당시에는 종루(鍾樓)라 불렀던 장면이다. 오늘날에는 재야의 타종식 때나 국경일에 종을 울리는 정도로 밖에 이용되지 않지만, 이 종을 쳐서 하루를 시작하고 하루를 끝낸 후 휴식을 취하도록 알려주는 역할을 했으며, 또 도성 안에 화재가 날 때도 이 종을 울려 대비하게 했다. 매일 새벽 4시경에 보신각의 인정이 33번 울리면 도성의 4대문·4소문이 일제히 열리고, 저녁 7시경에 28번 울리면 8대문은 전부 닫히게 되었다. 인정이 울리면 성안은 모든 것이 다 멈추고, 새벽에 파루 종소리가 울리면 새로운 하루가 시작된다. 원래 종을 매단 집을 종루라고 했으나, 1895년 제26대 고종이 보신각이라고 현판을 걸면서 종루는 보신각으로 바꿔 부르게 되었다. 이 종루는 화재로 여러 번 잿더미로 변했지만, 원래는 지금의 종로 네거리 중심에 있었으며, 이를 중심으로 상가가 형성되어 있었다. 프랑뎅(Frandin)의 종로 보신각 사진은 상가가 잇대어 있던 1890년대의 종루라고 부르던 시기에 찍혀진 모습이다.

이번 전시 사진 중의 하나인 중흥사(重興寺)라는 제목의 사진은 부감으로 촬영한 사찰 사진으로 정말 설명이 없으면, 민가로도 생각할 수 있고 산간의 여느 사찰과 다름없는 평범하게 보이는 모습으로 찍혀진 사진이다. 중흥사는 경기도 고양시 신도읍 북한리 북한산 노적봉 아래에 있었던 사찰로, 1713년(숙종 39) 북한산성 축성 후에는 236칸의 대가람이었으나 지금은 없어지고 주춧돌과 축대만 남아 있을 뿐이다.

이 사진의 중요성은 사찰의 발전 과정만이 아니라 북한산성에 주둔했던 승군(僧軍)의 총본부로 사용되었던 사찰을 보여 주고 있다는 점이다. 조선 숙종 때인 1713년에 북한산성 축성이 완료되면서 동시에 이곳을 방어하기 위해 승군을 주둔시켰는데, 승군의 총지휘 본부인 승영(僧營)을 중흥사에 두었던 것이다. 그리고 승영이 있던 이 절에서 용암사·보국사·보광사·부왕사·원각사·국녕사·상운사·서암사·태고사·진국사 등 북한산성 내의 모든 사찰을 관장하였으며, 각 사찰에는 승병들의 주둔에 필요한 물품과 군기물을 저장하는 승창(僧倉)도 있었다. 그리고 이와 아울러 조정에서는 승군을 유지하기 위해 전국의 사찰에 1년에 6차례에 걸쳐 의승(義僧)을 선발하게 하여 11개 사찰에 주둔시켰다. 승군의 정원은 360명으로 11개 사찰에는 각각 수승(首僧) 1인과 승장 1인을 두었으며, 이들을 총지휘하는 본부로 승영(僧營)을 설치하고 승대장 1인을 임명하여 팔도도총섭(八道都摠攝)을 겸임하게 하였다.

프랑뎅(Frandin)이 이 사진을 소장하게 된 내력도 바로 여기에 있는데, 단순히 사찰 전경을 찍은 사진으로서가 아니라 승군에 대한 관심이었으며, 승대장이 머물렀던 북한산성의 승영이 있는 사찰이기 때문이었다.

6. 맺는 말

옛날 사진을 얘기할 때마다 등장하는 말이 있다. 그리고 세월의 연륜이 담겨 있다거나, 이별의 아픔을 말할 때, 또 아름답거나 슬프거나 간에 추억을 들먹일 때는 흔히 누렇게 빛 바랜 사진을 등장시켜 왔다. 아마 한 장의 사진에 잠재되어 있는 오랜 세월의 무게를 말하기 위해서 일 것이다. 그러나 변색된 사진을 빛 바랜 사진이라 해서 아름답거나 슬픈 추억과 연결시켜 예찬해 온 것은 뭔가 잘못되어도 크게 잘못된 부분이다. 사진이 변하는 것은 오랜 세월 때문에 그리될 수도 있지만, 그보다도 사진을 만들 때 제대로 만들지 못했기 때문에 나타나는 현상일 뿐이다. 사진교과서에는 사진 인화 과정에서 정착만 잘하면 영구불변의 상을 만들 수 있다고 되어 있다.

1890년대에 프랑스 공사로 조선에 와서 우리의 생활과 시대상을 어느 때는 카메라로 찍기도 하고 어느 것은 여기저기서 수집했던 사진을 110여년 만에 다시 볼 수 있게 되었다. 프랑뎅(Frandin)은 그 당시를 찍고, 또 그 당시를 찍은 사진을 수집했지만, 우리는 110여 년이 지난 오늘에 와서 그 사진 속에 담긴 역사를 보고 찾게 되었다. 사진의 소중함은 아무리 오랜 세월 속에서도 그 속에 찍힌 이미지를 변형시킬 수 없는데 있으며, 그 시대의 숨결이 찍혀 있기 때문이다. 이번 전시를 계기로 프랑뎅(Frandin)의 소장 사진은 110여년 전에 그가 조선에 왔던 것처럼 그의 사진이 변하지 않는 이미지가 되기 위해 이 땅에 다시 돌아와 우리와 함께 있도록 해야 하며 이를 위해 서로 힘을 합해야 할 때라고 생각한다.

II. 프랑뎅(Frandin)의 사진 자료들

프랑뎅(Frandin)은 그의 저서 『조선에서(En Corée)』에서 대부분의 내용을 의식주 생활·관혼상제·가족제도·무속 등의 속신 행위, 여성 관련 풍속, 평민의 생활과 상거래 풍습 등 조선 사람들의 생활문화에 할애하고 있다.

그는 조선에서의 대부분의 시간을 서울에서 보냈지만, 머무른 기간이 짧아 조선의 생활문화를 애정을 가지고 차분하게 살펴볼 기회를 갖지 못한 것으로 보인다. 무엇보다도 드러나는 문화적 행위의 바탕이 되는 배경에 대한 이해가 소홀하다.

그의 사진자료 또한 조선 사람들의 생활문화와 관련된 것이 가장 많은 수를 차지한다. 남녀노소 및 계층에 구분을 두지 않고 다양한 분야의 현상들을 증언하는 내용을 갖추고 있다. 그러나 프랑뎅(Frandin)이 직접 촬영한 것은 거의 없으며, 촬영을 위해 의도적으로 연출된 사진이 많아 그의 조선의 생활문화에 대한 이해를 읽어 내기에는 일정한 한계를 가지고 있다.

그는 사람 이외의 대상물 보다는 조선 사람들의 모습이 직접 담겨 있는 사진을 중심으로 수집하였다. 그중에서도 전통의 속박에 힘들어 한 여성의 사진을 많이 수집하고 있는데, 이것이 그가 조선을 여성적 이미지를 가진 나라로 생각하게 된 것과 맥락이 닿아 있다고 할 수 있다.

71. 공사관 가족들의 휴일 나들이 / Going out of legation families in holiday
가족들과 함께 나들이하는 모습이다. 나들이에서 사냥은 중요한 행사의 하
나였으며, 부인이나 아이들은 탈 것을 이용해 산길을 이동하였다.

72. 산중턱에서의 식사와 휴식 / A meal & rest on the hillside
서울 주변의 산중턱에서 나들이 중에 식사와 휴식을 하는 모습이다.

73. 무악재에서의 휴식 / A rest on the Mt. Muak
영은문(迎恩門)을 지나 무악재 중턱을 오르다가 휴식을 하는 장
면으로 추정된다. 공사관 관계자들과 그 가족들의 휴일 나들이에
는 보통 조선인 통역과 안내원, 짐꾼들이 함께 하였다. 뒤쪽으로
부인들과 아이들을 태우기 위한 가마가 보인다.

74. 서울 전경 / The Whole view of Seoul
명동쪽에서 바라본 변화하는 서울의 모습이다. 북악산
아래로 경복궁 근정전과 광화문이 보인다

75. 서울 전경 / The whole view of Seoul
남산쪽에서 바라본 서울의 모습으로 멀리 북악산 아래로 경복궁 근정전과 광화문이 보이고 중
앙에 소방 망루가 보인다.

76. 남산에서 바라본 동대문 바깥 전경 / The whole view of the East Gate outside

77. 남산에서 바라본 동대문 바깥 전경 / The whole view of the East Gate outside
사진 75와 같은 장소에서 촬영한 것으로 보인다.

78. 경복궁 바깥 동십자각(東十字閣) / The pavilion of Dongsipja

79. 성균관(成均館) 문묘(文廟) 입구 / The enterance to the Songkwunkwan

80. 왕의 침소 / King's sleeplng place
　용마루가 없는 이 건물은 19세기말 화재로 불타 없어지기 전의 경운궁 내 왕의 침소로 추정된다.

81. 덕수궁(德壽宮) 안의 전신총국(電信總局) / A telegraphic office
　덕수궁 화재시 함께 소실되었다.

82. 명동성당 사제관 / A parsonage, Myongdong Cathedral
중앙에 보이는 서양식 건물이 명동성당 사제관이다. 1892년 사제관의 오른쪽에
프랑스의 코스트(高宜善) 신부가 설계한 명동성당을 짓기 시작하였다.

83. 명동성당 정초식 / The layding of the cornerstone, Myongdong Cathedral
명동성당의 정초식(定礎式)으로 추정되는 행사에 남녀노소 할 것 없이 많은 사람
들이 모여들었다. 가운데의 건물은 임시로 세운 성당으로 보인다. 1892년 8월에 정
초식을 거행하고 공사를 시작하여 1898년 5월에 완공되었다.

84. 천주교 신학당의 교우들 / The members of Yongsan seminary

1886년 프랑스는 조선과 수교한 이래 자국 출신 천주교 신부들의 안전과 자유로운 포교활동에 다른 나라들보다 많은 관심을 기울였다. 당시 조선에서 신학을 공부하는 사람들은 머리를 짧게 깎았는데, 사진 속의 어른들이 머리를 깎고 상투를 하지 않은 것으로 보아 용산에 자리한 천주교 신학당의 교우들의 모습으로 추정된다.

85. 사찰(寺刹)에서 / In the Buddhist temple

프랑뎅(Frandin)은 사찰의 측면으로 설명하고 있다. 어디인지는 알 수 없으나 『조선에서(En Corée)』의 내용을 보면 프랑뎅(Frandin)은 불교와 무속의 구분이 별로 없었던 듯하다.

86. 소공동 골목길 / A side street at the Sokongdong

87. 서양여인과 조선인 / The Western & the Korean

88. 한양(漢陽)의 민가(民家) / A commoner's house at the Seoul
　　프랑뎅(Frandin)은 『조선에서(En Corée)』에서 당시 한양의 골목길에 대해 악취가 나며 진흙
　　구덩이가 많은 곳이라고 설명하고 있다.

89. 민가(民家)의 노파(老婆) / An old woman at the commoner's house

90. 조선 여인의 맵시 /
The graceful figure
of Joseon woman
프랑스공사관에 소
속된 조선인 통역안
내원의 부인으로 추
정된다. 공사관에 초
대되어 서양의 의자
를 짚고서 카메라를
응시하고 있다. 흰색
의 저고리와 치마를
입은 모습, 그리고
머리를 단정하게 손
질한 자태에서 조선
여인의 맵시가 한껏
드러나 있다.

91. 공기놀이 / A jackstone

92. 절구질하는 여인 / A woman pounding grain in a mortar
프랑뎅(Frandin)은 『조선에서(En Corée)』에서 절구질하는 여인이 젖가슴
을 노출하고 있는 것에 대해 조선 사회에서 아들을 낳은 것에 대한 자랑
의 표식으로 설명하고 있다.

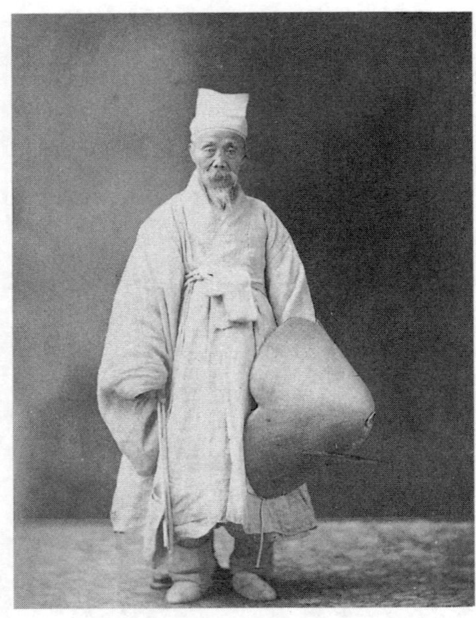

93. 상복을 입은 노인 /
   A mourning dress
   프랑스선교사 촬영

94. 경비대장 / A military
   offcer dress

95. 금관조복(金冠朝服) / An offcial dress

96. 쟁기질하는 농부 / plowing

97. 농사일 / Farm work
  농부가 농기구로 경작지의 굳
은 흙을 잘게 부수고 있다. 머
리에 두른 수건은 흙덩이가
묻는 것을 막고 상투를 보호
하기 위해 일반적으로 행해지
는 풍습이다.

98. 지게꾼과 아이들 / An
  A-frame coolies and kids
  총각 지게꾼들과 아이들이
평소의 꾸밈없는 옷차림새로
모여 있다. 옷차림새를 통해
늦여름임을 알 수 있다.

99. 옹기 장수 / A potter

옹기 장수는 많은 양의 옹기를 지게에 싣고 새끼줄로 잘 묶어서 팔러 다닌다.
프랑뎅(Frandin)은 행상인들이 지게에 진 옹기는 초가집의 지붕과 비슷한 모양
이며, 옹기들이 아주 교묘하게 새끼줄로 서로 묶여져 기적같이 균형을 유지하고
있다고 기억하고 있다.

100. 마포나루 / Mapo ferry
마포나루는 제물포(인천)·강화도·임진강 유역 등지에서 생산된
해산물·새우젓·땔감·옹기류·농산물 등이 배로 운반되어 도착
하는 곳이다. 여기서는 서울 도성까지 거리가 가까워 항상 많은 물
량이 서울 사람들의 생활을 위하여 거래되었다.

101. 기녀(妓女) / Gisaengs(professional Entertainer)
프랑뎅(Frandin)은 왕의 무희들이라고 설명하고 있다. 『조선에서(En Corée)』에서 프랑스 외교관과 왕실 무희의 로맨스를 언급하고 있음을 보면, 이 자료는 이같은 관심에서 수집된 것으로 볼 수 있다.

102. 기녀(妓女) / Gisaengs(Professional Entertainer)
기생들의 옷차림에서 특히 치마는 주릿대 치마라고 부른다. 주릿대 치마를 하면 몸이 홀쭉하게 보인다고 한데서 생겨난 말이다. 뒤쪽 가운데 남자는 서양인으로 보인다.

제4장 오리엔탈리즘(Orientalism)에서의 조선 읽기

I. 프랑뎅(Frandin)의 사진 컬렉션을
통해 본 프랑스인의 한국의 표상

이경민(사진기록학)

1. 들어가는 말

최근 들어 개화기 당시 조선을 찾은 서양의 선교사·여행가·학자·외교관들이 쓴 책들이 새롭게 번역되거나 그들의 여행기를 중심으로 서양인들의 한국관을 다룬 국내외 연구자들의 서적과 논문들이 쏟아져 나오고 있다. 집문당에서는 이자벨라 비숍의 『조선과 그 이웃 나라들』을 비롯하여 당시의 책들을 [한말외국인기록]이라는 총서로 엮어 번역·출간했으며, 경인문화사에서는 16세기부터 20세기 초에 이르는 한국관련 서양 고문헌들을 영인본 300권으로 정리·출판하고 있으며, 얼마 전에는 눈빛출판사에서 조르주 뒤크로의 『가련하고 정다운 나라, 조선』과 샤를 바라의 『조선 종단기』와 샤이에 롱의 『코리아 혹은 조선』을 묶은 『조선기행』을 발행하기도 했다. 또한 이러한 책들을 서지학적으로 정리한 박대헌의 『서양인이 본 조선 : 한국관계 서양서지』와 책 속에 실려 있는 그림 자료들을 통해 서양인들이 조선과 조선인들을 어떻게 묘사하고 있는지를 다룬 백성현·이한우의 『파란 눈에 비친 하얀 조선』, 그리고 집문당에서 펴낸 총서의 전체 번역을 맡은 신복룡이 그 책들에 대한

▪ 먼 나라 꼬레(Corée)

해제를 모아 한 권의 책으로 펴낸『이방인이 본 조선 다시 읽기』와
19세기 중·후반에 조선에 들어와 활동했던 서양인 선교사들의 시
선을 통해 조선이 어떻게 타자화되었는지를 살핀 조현범의『문명과
야만』, 외국인으로서는 13세기에서 현재에 이르기까지 프랑스가 표
상해온 한국의 이미지가 어떻게 변천해왔는가를 문헌고고학적으로
연구한 프레데릭 불레스텍스의『착한 미개인 동양의 현자』등 수많
은 연구서들이 최근 몇 년 사이에 출판되고 있다.

　이러한 현상들은 에드워드 사이드가『오리엔탈리즘』에서 보여준
「서양의 동양에 대한 타자화 과정에 대한 고찰」에 자극받은 인문사
회학자들이 제국주의 시기에 생산된 근대 오리엔탈리스트들의 텍스
트들을 식민주의 담론과 연결해서 새롭게 읽으려는 학문적 분위기
속에서, 한국관련 서양서적들이 한국학과 한국근대사를 연구하는
국내외 학자들에게 한국 오리엔탈리즘의 기원을 추적해 볼 수 있는
중요한 텍스트로 떠올랐기 때문이다. 특히 여행기는 서양인들의 동
양에 대한 잘못된 표상을 가장 잘 보여 주는 전형적인 텍스트로 인
정되면서 활발한 연구의 대상이 되었다고 한다.[1] 역사적으로 오랜
시간 동안 구축된 서양의 동양에 대한 표상은 제국주의시대에 식민
주의 담론을 정당화하는데 결정적인 역할을 했으며, 이후 대외적인
국가정책뿐만 아니라 문화정책에 있어서도 깊게 관여해 왔다는 점
에서 서양인들이 한국을 어떻게 표상했는가를 살피는 일은 한말 외
교사와 문화교류사를 새롭게 연구하는데 유효한 방법론이라고 할
수 있다.

　타자로서의 한국의 표상은 다양한 방식으로 이루어지지만, 한번
고정되면 쉽게 그 이미지를 벗어날 수 없다는 점에서 사진이 갖는

---

1) 박지향,「여행기에 나타난 식민주의 담론의 남성성과 여성성」『영국
　　연구』4, 145쪽.

표상의 효과는 강력하다고 할 수 있다. 그런 의미에서 기존의 탈식민주의 담론이 문학작품·정찰보고서·여행기·연구논문 등과 같은 각종 문헌들을 중심으로 텍스트 분석에 나섰다면, 개항 이후 서양 대중들에게 가장 선명하고 분명하게 각인된 한국(인)의 표상이 사진이었다는 점에서 개화기에 촬영된 수많은 사진들을 텍스트로 한 인문사회학적 연구가 절실해진다. 이 글의 목적은 이폴리트 프랑뎅(Hippolyte Frandin)이라는 프랑스 외교관의 사진컬렉션을 통해 그에게 한국의 이미지가 어떻게 각인되었는가를 살펴보고, 그러한 이미지의 상투성이 어디로부터 기원했으며, 그리고 동시대에 활동한 또 다른 여행가들의 한국에 대한 표상과는 어떻게 같고 다른가를 묻는 것이다. 이러한 질문에 답하기 위해 우선 근대(성)의 성격을 표상의 문제로 설명하고, 오리엔탈리즘과 식민주의 담론이 어떻게 표상을 통해 교육되고 실천되었는가를 살펴봄으로써 프랑뎅(Frandin)의 컬렉션이 갖는 성격을 읽어 나가려고 한다.

2. 근대(성), 표상, 오리엔탈리즘

근대는 표상의 공간으로 이해된다. 하이데거에 의하면, 근대의 세계는 중세나 고대의 세계와는 질적으로 다른 양상으로 나타났는데 그것은 근대에 이르러 세계가 (표)상으로 존재하기 시작했음을 의미한다. 즉 세계는 표상된 세계로 이해되었고, 표상된 세상만이 존재하는 것으로 설명되었다. 그 결과 진리란 표상의 확실성으로 규정되었고, 표상의 확실성이 진리의 진위를 가르는 기준이 되었다. 이 과정에서 앎(지식·진리)과 표상(가시화)의 동일화가 이루어졌으며, 그것은 곧 근대의 성격이 되었다. 이제 확실치 않은 표상은 그 대상에 대한 '앎'이나 '지식', '진리'가 되지 못하고 부정되었으며, 이러한 사유 위에서 표상의 확실성을 연구하는 근대학문이 출현하게 된다. 실증성·과학성·합리성이라는 근대학문의 덕목들로 표상의 확실성을, 세계에 대한 진리체계를 수립하고 형성해갔다. 이때 동양은 근대의 서구사회에서 항상 애매모호한 '상'으로 존재(따라서 부재)해 왔기 때문에, 그것을 알기 위해서는 불확실한 동양을 확실한 동양으로 전환하는 작업이 요구되었으며 그 과정에서 오리엔탈리즘이 구성되었다. 동양을 표상하고 알기 위한 학문적 연구가 동양학(오리엔탈리즘)이라는 이름 하에 전방위에 걸쳐 이루어졌으며, 그러한 결과들은 방대한 아카이브로 구성되어 문명화의 사명을 명분으로 식민지배의 정당성을 확보하고자 했던 제국주의국가를 위해 봉사하게 되었다.

그런데 여기서 동양은 스스로 존재하는 실체라기보다는 동양을 대신하여 말하고, 대리하여 표상한 서양의 동양으로서만 존재한다. 즉 표상된 세계만을 존재하는 것으로 설정했던 근대의 세계관에 따라 '동양에 대한 서양의 지식(표상)'이 '동양 그 자체'가 되는 존재방식을 취하게 되었다(E. 사이드). 따라서 서양은 동양을 존재하는 대상으로 '만들기' 위해 동양에 대한 지식이 필요했고, 제국의 확장과 더불어 그곳을 알기 위한 본격적인 탐험에 나서게 된다. 이러한 탐험은 군사적 탐사와 과학적 자연탐사, 그리고 종교적 탐사 및 개인적 탐사 여행 등 다채롭게 전개되었는데, 일단의 탐험가와 선교사로부터 시작하여 철도와 선박 등 운반수송체계의 근대화 과정에서 출현한 여행가(탐험가와 여행가의 차이는 미지(未知)의 곳을 방문했느냐 기지(旣知)의 곳을 방문했느냐의 차이로 설명할 수 있다)와 외교관, 그리고 지리학·인류학·박물학 등의 근대과학자 등이 이러한 지적 탐험에 참여했다. 이들은 동양을 실증적·과학적인 방법으로 발견하고 인식하고자 했다. 여기서 실증적·과학적 태도는 근대학문의 특징이기도 한데, 서양에서 근대적 학문체계가 수립되고 역사학·인류학·지리학·사회학·정치학·경제학 등의 분과학문이 제도화된 시기가 19세기 제국주의 시대와 겹친다는 점을 감안하면 그러한 특징들은 근대가 요구한 '시대적 구성물'이라고 보아야 한다. 따라서 실증적·과학적이라는 용어는 지식의 객관성·본질성의 문제라기 보다는 표상의 확실성이라는 테제를 위해 고안된 근대 서구인들의 사물을 표상하는 방식·체계·틀로서 이해되어져야 한다. 결국 서양에 의해 발견된 동양은 서양의 재현방식으로 번역된 동양이며, 동양의 사물들은 그것이 놓인 맥락으로부터 떨어져 나와 서양의 재현체계에 따라 재배치되는 과정을 거치게 된다.

또한 동양에 대한 지식은 그곳을 표상하는 것으로 그치지 않고, 동양에 대한 서양의 우월한 지위를 확인하기 위한 절차로서 이용되었다. 따라서 동양을 창출하는 과정에서 서양과 동양 사이의 극복할 수 없는 본질적 차이를 발생시키고 그 차이를 문명과 야만이라는 이분법적 위계 안에 배치시키는 타자만들기에 착수하게 되었다. 그 결과 표상된 동양은 타자성·정체성·부재성이라는 속성을 부여받았고, 서양은 이러한 동양이라는 타자를 거울삼아 자신의 정체성을 획득해 나갔다.

이상의 논의로부터 우리는 오리엔탈리즘을 '서양의 동양에 대한 지식체계 또는 표상방식'이라고 정의할 수 있는데, 이때 사진은 서양에 의해서 직조되고 창출된 동양의 담론을 가시화함으로써 표상의 확실성을 보장해 주는 근대의 신념으로 등장하였다. 근대적 학문체계가 수립되는 시기에 사진술이 발명(발견)되었다는 점에서, 그리고 제반 분과학문의 연구자들이 자신의 학문적 정당성을 검증하는 장치로서 사진을 이용했다는 사실에서 사진은 근대가 요청한 결과라고 말할 수 있다. 탐험만으로는 동양에 대한 확실한 지식/표상을 얻기에는 한계가 있었으며, 사진을 통해서(통해야만) 비로소 그 지식/표상은 실증적이 되었고 과학적인 사실이 될 수 있었다. 제국의 확장과 더불어 동양을 찾는 서양인들은 이제 펜이나 붓 대신 카메라를 들고 그동안 표상되지 않은 곳을 밝혀 나갔으며, 동양은 이제 사진으로 표상된 동양에 의해 대리되고, 대변되었다. 또한 여행가들에 의해 촬영되거나 수집된 동양의 사진들은 그것을 본 제국의 대중들에게 동양을 비추는 투명한 거울로서, 동양을 대표하는 이미지로서 각인되었다.

앞에서도 언급했지만, '표상'이라는 말에는 표상하는 주체와 표상의 대상 사이의 이항대립적 관계가 상정되어 있으며, 따라서 대상은 표상 주체가 어떻게 표상하느냐에 따라 그것의 정체성(실존)이 규정되는 이념 덩어리라고 할 수 있다(즉 대상의 정체성은 내재적인 것이 아니라 외재적 산물이다). 여기서 문제가 되는 것은 어떤 대상이 잘못 표상되었다 하더라도 일단 표상되면 그것은 대상에 대한 대표성을 가지면서 그 대상에 대한 유일하고 확고한 지식으로서 기능하게 된다는 데 있다. 오리엔탈리즘도 동양에 대한 근대서구사회의 잘못된 표상일지라도 그것은 동양에 대한 유일한 지식, 진리의 담론체계가 되었던 것이다. 다시 말해 오리엔탈리즘은 잘못된 표상이었으나 동시에 유일한 표상이었기에 동양에 대한 진리체계로 형성될 수 있었던 것이다. 여기서 잘못된 표상이란 표상 자체가 잘못되었다는 의미보다는 '표상과 실재 사이의 맞닿을 수 없는 거리'를 무시하고 동일시하는 논리로서, 나아가 근대 서구의 정체성을 확립하기 위해 고안된 '네거티브 표상'으로 이해해야 한다. 그런데 사진은 이러한 표상의 한계를 단숨에 은폐하고 미화시킨다. 즉 사진을 통해 가시화된 동양은 동양에 대한 객관적 서술로 설명되었던 것이다. 객관성이란 표상의 확실성을 위해 고안된 표상 주체의 의미작용으로 표상 또는 시각의 경제성에 관계한다. 대상을 보는 여러 사람들의 시각은 서로 다르기 때문에 그것을 객관성의 이름으로 보이게(표상)하기 위해서는 시각의 표준화가 선행되어야 한다. 대상에 대한 시각의 표준화는 다수의 사람들이 대상에 대해 갖는 저마다의 (표)상을 하나로 통일하여 대상지각과 대상인식의 경제성을 극대화하는 장치라고 할 수 있다. 시각의 표준화는 언어처럼 관례적 시각으로 내면화되어 갔고, 이 과정에서 표준화를 위한 '장치로서의 객관성'이 '사물의 객관적 속성'으로 전이되는 사태가 일어난다. 이 말을 사진에 적용시키면, 사회적으로 정의(창출)된 사진의 객관성이 사진이라는 객관적 장치로 탄생된 것이다.

이처럼 오리엔탈리즘이라는 서양의 동양담론은 주로 텍스트를 통해 전파·교육되었지만, 사진이 표상의 확실성을 보장해주는 객관적 장치로 이해되면서 동양을 재현한 사진은 그 담론을 강화하고 반복·재생산하는데 큰 역할을 하게 되었다. 그렇기 때문에 개화기 당시 한국을 방문했던 수많은 서양인들의 여행기에는 그림이나 지도, 그리고 사진과 같은 이미지들을 풍부하게 실었으며, 프랑뎅(Frandin)의 경우도 예외가 아니었다. 이제 우리는 프랑뎅(Frandin)의 사진컬렉션을 이해하기 위해 외교관으로서 그가 갖는 한국에서의 위치를 개략적으로 살펴본 후, 그가 촬영하거나 수집한 사진들을 재구성하고, 그것이 자리했던 원래의 맥락으로 재배치하여 그 사진들이 갖는 표상의 효과에 대하여 논의하도록 하겠다. 그러나 이 작업은 절대적인 시간과 방대한 자료조사를 요구하기 때문에 제한적일 수 밖에 없으며, 앞으로 진행될 서양인들이 촬영한 한국관련 사진아카이브를 구성하기 위한 시론적 성격을 갖게 될 것이다.

▪ 먼 나라 꼬레(Corée)

3. 프랑뎅(Frandin)을 찾아서 — 한·불외교사에서의
이폴리트 프랑뎅(Hippolyte Frandin)의 위치 —

프랑스가 조선과 맺은 한불수호통상조약은 미국(1882)이나 영국·독일(1882), 러시아·이탈리아(1884)보다 늦은 1886년에 체결되었다. 그러나 양국의 접촉은 로마교황청이 조선교구를 창설하고 (1831) 조선에서의 포교를 파리외방전교회에 위임하여 1836년부터 3년에 걸쳐 3명의 선교사를 조선에 파견하면서부터 시작되었다. 1839년 예견된 선교사와 천주교도의 희생[己亥 박해]에 대한 항의와 식민지 개척을 위한 통상조약의 추진을 위해 프랑스 함대는 일련의 무력시위를 연이어 일으켰으며 결국 1866년에 병인양요를 야기하였다.2) 하지만 이러한 무력 행사가 잇따른 실패로 돌아가자 박해를 막는 길은 조약의 체결만이 해결책이라고 생각한 프랑스 정부는 조선과의 수교를 위해 오랫동안 노력했으며, 그 결과가 한불수호통상조약으로 귀결되었던 것이다. 따라서 프랑스가 조선과의 수교에서 중점을 둔 부분도 다른 열강들과는 달리 종교와 선교활동의 자유에 있었던 것이다.

이러한 한불외교사에서 흥미로운 사실은 정식 외교관계가 수립된 1888년부터 조선의 외교권이 박탈당한 1905년까지 한불외교사에서 단 2명의 외교관만이 프랑스 정부를 대표하는 자리에 있었다는 점이다. 초대 전권공사와 3대 전권공사로 부임한 꼴랭 드 플랑시 (Collin de Plancy, 葛林德)와 제2대 서울주대 프랑스 대표가 된 이폴리트 프랑뎅(Hippolyte Frandin)이 그들인데, 이는 프랑스의 한국 관련

---

2) 최석우, 「한불조약의 체결과정」『한국정치외교사논총』(vol.3), 1986, 14~16쪽.

외교정책이 불간섭 정책과 등거리 정책으로 일관했음을 반증하는 대목이기도 하다.

그런데 이들의 외교적인 역할로부터 개인적 문제로 시선을 돌리면, 한국에 대한 애정과 관심 정도에 따라 한국에서 활동한 이들의 이력에 큰 편차가 나고 있음을 알 수 있다. 한불 정치외교사나 문화교류사를 다룬 책이나 논문에서 드 플랑시(de Plancy)에 대해서는 자세한 언급이 있는 것에 비해, 프랑뎅(Frandin)에 대해서는 이름조차 다루어지지 않고 있다는 점이 이 사실을 뒷받침한다(그의 견문기를 번역한 역자들에 의하면 프랑스 인명사전에서도 그의 이름을 찾지 못했다고 한다). 이처럼 프랑뎅(Frandin)이 한국에서 수행한 외교적 활동과 역할·지위에 대한 모든 이력이 베일에 가려져 있는 것과 마찬가지로, 2권의 사진첩으로 구성된 그의 사진컬렉션에 대해서도 알려진 것이 거의 없다. 다만 몇몇의 기념사진 속에서 그가 교류한 한국의 고위 관리들의 면면들과 사적인 삶의 편린들만을 볼 수 있다.

이러한 드 플랑시(de Plancy)와 프랑뎅(Frandin)에 대한 정보적 편차의 이유는 그들의 한국 부임 시기에서 찾아볼 수 있는데, 프랑뎅(Frandin)이 조선에 부임한 기간(1892년에서 1894년까지 3년)은 한불 관계가 소원했던 시기였던 것에 반해 드 플랑시(de Plancy)가 다시 부임해온 1896년은 러시아와 동맹관계에 있었던 프랑스가 아관파천 이후 경제적 이권을 노리기 시작하면서 본격적인 한불 관계를 수립하기 시작한 시기였기 때문이다. 하지만 드 플랑시(de Plancy)에 비해 상대적으로 프랑뎅(Frandin)에 관한 문건이나 연구물이 적게 남아 있지만(그래서 한불외교사에서 그의 위상이 축소되거나 배제되었지만), 주한 프랑스 공사로서 향후 프랑스의 대한(對韓) 외교정책에 중대한 영향력을 끼칠 수 있는 자리에 있었다는 점에서 그가 조선에 대해 어떠한 인식과 표상을 갖고 있었는가를 살피는 일은 결코 무

시될 수 없다. 우선 그에 대한 외교문서나 문건들을 프랑스 국립고
문서관이나 외무부고문서국에서 찾아내서 그의 활동사항과 역할 그
리고 위상 등에 대해 살피는 것이 순서이겠지만, 그것은 필자로서는
한계를 가질 수 밖에 없는 일이다. 따라서 여기서는 그가 남긴 서적
과 사진 자료들에 한정해서 그의 한국관을 읽어 나가는 것에 만족
해야 할 것 같다.

4. 프랑뎅(Frandin)의 사진컬렉션의 내용과 출처

프랑뎅이 남긴 2권의 사진첩에는 총 150여 점의 사진이 부착되어
있는데, 그 크기는 소판부터 대형판에 이르기까지 다양하다. 대다수
가 젤라틴실버프린트로 인화되어 있으며 간혹 시아노타입(cyanotype)
의 프린트도 몇 장 끼어 있다. 이 사진들 중에는 자필로 쓴 짤막한
설명문이 달려 있는 것들이 있는데, 촬영자와 촬영대상, 장소와 시
기 등 사진에 대한 구체적인 기술이 아니라, '왕의 무희'라든지 또
는 '서울의 근교'라든지 하는 식으로 보통명사나 익명으로 표현하
고 있어 실질적인 정보를 얻기란 무척 힘들다. 사진 속에 그러한 정
보를 얻을 수 있는 여러 지표들이 있기는 하지만, 그것을 통해 촬영
된 시기를 추정하는 데에는 시간적 편차를 감안할 수 밖에 없다. 따
라서 동시대에 촬영된 다른 이미지들과 상호 비교하거나 촬영대상
에 대한 기록물 등을 종합적으로 고찰하여 판단하는 작업이 요구되
며, 여기에는 복식학·건축학·지리학·지형학·정치학·민속학·
역사학 등 다양한 분야의 연구자들이 공동으로 참여할 때 비로소 정
확한 검증을 기할 수 있을 것이다.
　사진의 내용을 살펴보면 크게 4가지로 분류할 수 있는데, 첫째는

조선 관리의 초상 사진과 단체기념사진, 프랑스공사관과 그 주변 사진, 각국의 공사관 건물사진 등 프랑뎅(Frandin)의 외교관련 사진들이며, 둘째는 외교관 가족들과 사냥이나 여행을 가서 찍은 프랑뎅(Frandin)의 사적인 기념사진, 셋째는 서울과 경기 지역의 주요 건축물과 지형들을 촬영한 사진, 그리고 마지막으로 동일한 사진관에서 연출·촬영된 다양한 계층의 조선인들의 풍속사진과 기타 인물사진 등으로 나눠 볼 수 있다. 첫 번째와 두 번째의 사진들 중에는 프랑뎅(Frandin)이 촬영한 것으로 추정되거나 자신이 포함된 것들이 상당수 들어 있어 그가 한국 재임시에 제작된 것으로 추정할 수 있으며, 나머지 것들은 동시대에 출판된 사진첩이나 그 이후에 발행된 한국관련 서양 고서에 중복 게재되어 있어 당시 일본인 사진관에서 개인적으로 수집한 사진들로 보인다.

프랑뎅(Frandin)의 사진컬렉션이 갖는 의미와 성격을 파악하기 위해서는 먼저 수집된 사진들의 출처가 확실할 때 가능하다. 그러나 프랑뎅(Frandin)을 비롯한 수많은 서양인들이 남긴 한국 관련 서적들을 보면 도판으로 사용한 사진들의 촬영자가 불분명하거나, 출처를 밝히지 않고 게재한 경우가 많다. 예를 들어 프랑뎅(Frandin)의 사진컬렉션에 있는 19세기 말에 제작된 '서당'사진은 언더우드(Lilias H. Underwood)의 『상투의 나라』(1904)와 게일(James S. Gale)의 『전환기의 조선』(1909)에 실려 있으며, 일제강점기에 발행된 사진엽서와 사진첩의 단골메뉴이기도 했다. 이처럼 사진이 수록된 책의 출처를 밝히는 것은 중요하지만, 그것만 가지고는 누가 촬영했는지 알 수가 없으며, 어떤 이유와 목적에서 촬영했는지 그 재현 주체의 의도를 밝히기는 더욱 불가능하다. 문제는 여기서 그치지 않는다. 같은 사진이라도 그것이 실린 책들마다 다른 설명문과 제목을 붙이는 경우가 있어 사진의 대상이 정확히 언제 어디에서 촬영되었는지가 불확실한 것이 많다. 지형과 도시 규모로 볼 때 종로거리가 틀림없는 프랑뎅(Frandin)의 사진이 제임스 하이드 클락(James Hyde Clark)이 1894년의 청일전쟁을 다룬『중국과 일본의 이야기(Story of China and Japan)』에서는 '제물포'라고 설명되어 있는 것은 하나의 예에 지나지 않는다. 모든 것을 다 확인해 보지는 못했지만, 프랑뎅(Frandin)의 컬렉션 중 적지 않은 수의 사진들이 다른 서적들의 도판으로 사용되고 있음을 알 수 있다.

이처럼 그의 사진컬렉션은 촬영자나 장소·일시 등의 기본적인 사진 정보를 갖지 못한다는 점에서 역사적 기록물로서의 가치가 떨어질 수 밖에 없다. 따라서 그가 수집한 사진들의 사료적 가치를 복원시키기 위해서는 그것들이 사용된 책의 출처를 밝히는 최소한의 노력이 필요하다. 지금까지 찾아본 프랑뎅(Frandin)의 사진이 사용된 책의 출처를 보면 다음과 같다. 먼저 가장 많은 수를 차지하고 있는 사진관에서 촬영된 다양한 계층과 계급의 사진들은 1892년에 출간된 하야시 타케이치(林武一)의『조선국진경』에 대다수 실려 있는 것들이다. 이 사진들은 일본사진회원이기도 했던 하야시가 1888년 서울주재 일본공사관에 부임한 후 3년 여 동안 조선 각 지방을 돌면서 촬영한 사진 120여장 중의 일부이다.[3] 물론 프랑뎅(Frandin)의 사진들이 이 책에 모두 수록되어 있지는 않지만, 사진에서 보이는 사진관의 배경이나 소품들이 같기 때문에 동일한 사진가가 찍은 시리즈의 일부라고 할 수 있다. 이 사진들이 수록된 하야시의 책이 프랑뎅(Frandin)이 한국에 부임해 온 바로 그 해에 발간되었다는 점에서 이 책은 그가 동양 속의 동양인 한국을 이해하고 표상하는 데 중요한 길잡이가 되었을 것이라고 생각한다. 그리고 그가 수집한 인화된

---

3) 김희곤,「하야시 타케이치와 조선국진경」『사진으로 보는 조선 1892년』, 안동대학교 박물관, 1997, 140쪽.

상태의 사진들은 당시 일본인 사진관에서 판매용으로 제작한 대량 복제의 사진시리즈를 구입한 것이라고 생각해 볼 수 있다. 다양한 계층과 계급·직업의 한국인들을 도감식으로 보여 주는 이 사진들은 서양인들이 한국을 이해하고 학습하는데 있어 훌륭한 시각적 교육자료로 활용할 수 있었기 때문에 프랑뎅(Frandin)의 컬렉션 중에 가장 많은 수를 차지하고 있으며, 대다수의 서적에서 흔하게 볼 수 있을 정도로 반복해서 사용되었던 것이다.

한편 프랑뎅(Frandin)의 컬렉션 중 하야시의 책 다음으로 동일한 사진을 많이 수록하고 있는 것은 1905년에 앵거스 해밀턴(Angus Hamilton)이 『한국(Korea)』(1904)을 불역(佛譯)해서 재출간한 『한국에서(En Corée)』이다. 이 책에는 영문판에는 수록되지 않은 사진들이 상당수 실려 있는데, 그것들 대부분이 프랑뎅(Frandin)이 촬영한 것으로 보이는 사진들과 중복되어 있다. 먼저 눈에 띄는 것은 서울주재 외교관 클럽 사진과 민종묵의 초상 사진, 박승환 일가 사진과 원형으로 도열해 있는 신식군대 사진, 서울 전경 사진과 근교 산악 사진 등 다른 책에서는 볼 수 없어서 프랑뎅(Frandin) 자신의 것으로 생각되는 사진들과 광화문거리 사진과 왕의 행차 사진, 러시아공사관과 세검정 사진, 관기복장의 기생 사진 등 많은 여행기나 저널에 게재된 것들이 포함되어 있다. 그런데 여기서 의문이 드는 것은 왜 이 사진들이 프랑뎅(Frandin)의 사진첩에는 부착되어 있지만 정작 그가 출간한 책에는 실려 있지 않은가 하는 점이다. 여기서 두 가지 추정을 해 볼 수 있는데, 하나는 프랑뎅(Frandin)이 직접 촬영한 것이라고 추정되는 사진도 하야시의 사진들처럼 다른 사진가가 찍은 것을 수집했을 가능성이고, 다른 하나는 그가 촬영한 것을 해밀턴이 불문판을 낼 때 추가했을 경우이다.

특히 후자와 관련해서 그 사진들이 프랑뎅(Frandin)의 것은 아닐지라도 적어도 한불 관계 사진일 가능성이 높은데, 그것은 해밀턴의 책이 독문판으로 다시 출간됐을 때에 그 사진들이 다시 빠졌다는 점에서 프랑스 독자들을 고려한 편집이 아닌가 한다. 하지만 이 모든 추정들은 앞으로 확실한 출처의 사진자료들이 찾아질 때 명백해질 것이다.

이 밖에도 수록된 사진수는 많지 않지만, 로티(북한산성 사진과 골목어귀에 서 있는 가족 사진, 언더우드(엿장수 소년과 짐들고 있는 가족 사진, 남한산성의 성벽과 수어장대 사진), 게일(서당 사진과 제례 드리는 법당 안 스님 사진), 샌즈(북한산의 정자 사진), 클락(광화문 거리와 종로거리 사진과 항아리장수 사진) 등의 책에 수록된 사진들도 여럿 있다. 그리고 중복되지만 프랑스의 저널에 실린 것들도 있는데, 1894년 「르 몽드 일뤼스트레」와 「르 주르날 일뤼스트레」에 각각 실린 '훈장' 사진과 '왕의 행차' 사진이 그것이다. 이처럼 사적인 기념사진을 제외하면, 프랑뎅(Frandin)의 사진컬렉션 대부분이 인쇄 출판되었음을 확인할 수 있었다. 그러나 촬영한 사진가나 촬영 주체에 대한 정확한 정보는 여전히 미궁으로 남았으며, 그런 이유로 프랑스인의 한국에 대한 표상의 문제를 프랑뎅(Frandin)으로부터 읽어 내기에는 한계를 가질 수 밖에 없다. 따라서 여기서 방향을 바꿔 '출처주의'를 포기하고 컬렉션에서의 '선택의 문제(선택의 이데올로기)'에 초점을 맞춰, 프랑뎅(Frandin)이 그 사진들을 어떠한 시선으로 바라보았고, 그것을 통해 한국(인)에 대한 표상이 어떻게 나타났는가를 살펴보도록 하겠다.

5. 프랑뎅(Frandin)의 사진컬렉션과 오리엔탈리즘적 시각

사진이나 삽화를 포함하고 있는 대다수의 여행기에서 텍스트와 이미지의 관계는 서로 상호보완적일 수 밖에 없기 때문에, 프랑뎅(Frandin)이 클레르 보티에와 공저로 펴낸『조선에서(En Corée)』는 그의 사진을 읽는데 중요한 길잡이가 될 것이다. 그런데 이 책이 출간된 1905년을 전후해서 수많은 한국관련 서양서적들이 쏟아져 나왔는데, 1904년에는 장 드 팡주(Jean de Pange)와 에밀 부르다레(Emile Bourdaret)가 각각『한국에서(En Corée)』라는 동명의 책을, 그리고 조르주 뒤크로(Georges Ducrocp)도 사진가 루이 마랭과 함께『애처롭고 부드러운 한국(Pauvre et douce Corée)』을 출간했으며, 1905년에는 앞에서 언급한 앵거스 해밀턴이 불문판『한국에서(En Corée)』을 발행하였다. 이처럼 책이름이 유사하거나 동일한 서적들을 이 시기에 집중적으로 출판한 것은 러일전쟁 직후 조선의 모든 외교권이 박탈되고 일본으로 넘어가면서 기존에 조선과 맺었던 수호통상조약들이 무효로 돌아가자, 정치적 격변 속에서 한층 높아진 조선에 대한 프랑스 대중들의 관심사를 반영한 결과라고 볼 수 있다. 프랑뎅(Frandin)의 책도 당시 한국이 처한 특수한 상황이 동양에 대한 이국적 취향과 관심의 고조 속에서 폭발적인 인기를 일으킨 새로운 문학장르로서의 여행기 출판 붐과 결합하면서 만들어진 기획물 중의 하나였다. 프랑뎅(Frandin)의『조선에서(En Corée)』는 출판사 들라그라브(Paris Librairie C. H. Delagrave)의 총서 중 20번째 시리즈였으며, 확인한 바로는 1915년에 4판까지 나왔다.

프랑뎅(Frandin)이 쓴『조선에서(En Corée)』[4]는 장의 구분이 없이 단문들을 엮는 방식으로 구성되어 있고 중간중간에 텍스트와 관련된 그림과 사진이 실려 있다. 총 18장(1장의 사진판화와 17장의 사진)의 이미지가 수록되어 있으며, 판화를 제외한 사진들은 모두 프랑뎅(Frandin)의 컬렉션에 포함된 것들이다. 이 사진들은 프랑뎅(Frandin)이 촬영한 것이 아니라 텍스트의 내용에 걸 맞는 사진들을 찾아 게재한 것으로 그가 특별히 관심을 가졌던 대상이 무엇인지 알 수 있다. 사진에서 보여지는 대상들은 대개 운송 수단과 건축물·관기·고급관리·상인·서당과 교육기관·조선의 여성·왕족과 외교관리·복식 등과 관련된 것들인데, 그는 이 대상들에 대한 자신의 경험이나 관찰을 바탕으로 일기 쓰듯이 기술하고 있다. 어느 부분에서는 상당한 오역도 있으나, 이방인의 눈에는 그렇게 비칠 수밖에 없었을 것이다. 아무튼 관련 사진과 그림이 실려 있어 텍스트 위주의 견문기가 놓치기 쉬운 시각적 정보에 충실함을 더하고 있다.

책의 내용은 그가 주한 프랑스 영사 및 전공공사로 임명되어 한국(제물포)에 도착해서 서울에 입경하기까지의 여행 과정과 왕실 관련 인사와 행사 내용, 그리고 서울에 주재하면서 보고 들은 한국의 사회상과 풍속·문화·예술·종교 등 비교적 다양한 관심 영역들로 구성되어 있다. 그러나 이러한 그의 폭넓은 관심 영역에 비해 그 내용의 깊이는 협소하고, 편견과 독선과 오해에서 기인된 기술 방법을 채택하고 있다. 그의 이런 시각은 포교와 견문의 목적상 조선인들의 삶에 적응하면서 의상과 음식·숙식을 함께 했던 선교사나 여행가들과는 다른, 그리고 인문지리적 입장에서 심도있는 관찰을 요했던 민속학자나 인류학자·지리학자들과는 다른 신분적 위치, 즉

---

4) 번역본으로 김상희·김성언 옮김, 『프랑스 외교관이 본 개화기 조선』, 2002, 태학사를 참조했는데, 여기에는 사진은 실려 있지 않고 번역의 편의상 소제목을 달고 총 49개의 장으로 구성하고 있다.

프랑스를 대리·대표하는 외교관의 신분이었기에 한국 사회 안에서가 아니라 늘 그 밖에서 주변적으로 머물렀던 결과였다. 그래서 그는 개인적인 기념사진에서 볼 수 있듯이 본국에서 직송해 온 포도주와 담배 등의 생필품과 기호식품을 즐기고, 프랑스 상류사회의 여가문화인 사냥과 피크닉과 테니스를 조선에서도 그대로 향유하고자 했던 것이다. 또한 그가 한국에 비해 일본에 호의적인 관심과 지지를 보이는 것에서 알 수 있듯이, 영국이 같은 동양이면서도 자신들을 모델로 근대화된 일본을 문명국으로 받아들이고 그렇지 못했던 한국을 미개의 땅으로 표상했던 것과 동일한 인식을 갖고 있었던 것도 한국을 배타적으로 바라보는데 한 몫 했다.

이러한 인식은 비단 프랑뎅(Frandin)만이 갖고 있었던 것은 아니다. 서양의 외교관·군인·고문관·학자·선교사·여행가들은 정치적·군사적 정보, 기독교의 전파, 지적 욕망, 이국 취미 등 서로 다른 이유와 목적에서 조선을 찾아왔지만 조선(인)을 표상하는데 있어서는 동일한 시선을 갖고 있었다. 그것은 동양 일반에 대해 갖고 있던 식민주의 담론(오리엔탈리즘)을 조선이라는 나라에 적용시킨 것에 지나지 않는데(조선은 중국과 일본과의 차이는 무시되고 동양이라는 하나의 표상덩어리로 취급된다. 그리고 삼국 사이에 정도의 차이는 있지만 본질적 차이는 없는 것으로 규정된다), 그 담론의 기본적인 사유방식은 동양을 정체성·부재성·수동성·전근대성으로 표상하고 진보와 근대성의 서양과 대비시키는 방식이다. 우리는 이러한 동양담론을 프랑뎅(Frindin)의 컬렉션 중 하야시의 사진에서 엿볼 수 있다.

▪ 먼 나라 꼬레(Corée)

1) 전근대성으로서의 표상

1862년 일본의 유구사절단이 서구 유럽에 도착해서 마침 런던에서 열린 박람회를 관람했을 때 그들은 하나의 구경거리에 지나지 않았으며, 프랑스의 나다르사진관에서 촬영된 유럽에서의 그들의 첫 표상은 미개한 인종 표본의 하나로 그려졌다. 이 유구사절단의 귀국과 함께 일본에서는 최초의 일본인사진관이 개설되었으며, 조선이 개항되자 새로운 초상사진 시장을 개척하려는 일본사진가들의 조선 진출이 1880년대에 걸쳐 진행되었다. 그러나 이들이 촬영한 사진은 단순한 상업적 차원을 넘어 조선과 조선인에 대한 지식과 정보를 창출하고 표상하는 강력한 도구로서 기능했다. 하야시가 사진관에서 배경은 제거하고 바닥에 깐 카페트나 수풀과 같은 기초적인 소품만을 설치한 채 연출 촬영한 사진은 조선의 풍속(복식과 놀이 문화)과 조선인들을 특정한 재현방식으로 그려 냈다. 이렇게 재현된 조선인들은 조선인 전체를 대표하는 이미지로 기능하게 되고, 한번 대표성을 갖게 된 이미지는 좀처럼 변하지 않으며 오랫동안 표상의 효과를 지속시킨다. 가령 이렇다. 하야시의 사진은 1892년 이전에 촬영된 것들이지만, 10년 이상 세월이 흐른 1900년 초에 알레베끄가 제작한 사진엽서나 언더우드(1904)·앵거스(1905)·게일(1909) 등의 책에서 반복해서 게재되고 있는 것은 하야시가 표상한 조선인의 사진이 이후 한국을 방문한 외국인들에게 조선인을 바라보는 유일하고 상투적인 시각이 되었음을 반증한다. 서양인들에게는 갑오개혁과 대한제국 선포 이후 단발령과 복식 개량 등 적극적인 근대화 정책에 따라 변모해간 세기 말과 세기 초의 조선 사회의 모습이 여전히 하야시 이전의 전근대적 상태로 표상되었던 것이다. 설령 변화된 부분이 있어도 그것은 배제되고 전근대적 표상만이 선택되어 타자 만들기 전략에 사용되고 있는 것이다. 장옷 입은 여성과 관기 복장의 기생, 남아인지 여아인지 구분이 안 되는 아동과 자신의 몸을 운반수단으로 삼고 있는 장사꾼, 그리고 전통적 교육기관인 서당 등은 조선을 근대 이전의 정체된 상태를 보여 주는 대표적인 표상이었다. 오리엔탈리즘에 학습된 프랑뎅(Frandin)이 이런 사진들을 수집한 것은 당연한 결과였다. 이러한 타자로서의 조선에 대한 인식을 그의 텍스트를 통해 보다 구체적으로 확인해 볼 수 있다.

먼저 진흙과 새끼줄을 주 재료로 사용하는 한국의 건축술은 프랑뎅(Frandin)이 보기에 "원시시대의 우스꽝스러운 모습을 만들어내"(『프랑스 외교관이 본 개화기 조선』, 28쪽, 이하 인용쪽수만 표기)는 결과를 가져오는데, 결국 조선의 마을은 거북이의 등껍질이 모여 있는 형국으로 비쳐졌다. 에펠탑으로 상징되는 철의 시대가 1889년의 파리박람회를 통해 개막되는 점을 상기하면, 그에게 한국의 건축재료는 근대적 건축재료인 철과 시멘트와 유리와 대비되면서 원시성을 상기하는 징표였던 것이다. 결국 그는 조선이 원시적 상태에 머물러 있게 된 원인을 타성적이고 수동적인 조선인들의 인종적 문제로 환원해서 설명하고 있다. 프랑뎅(Frandin)은 "한국의 여성들은 완전히 타성에 젖어 있어" "지적 능력이 계발될 가능성이 있지만 자신의 처지를 쉽게 감내하여 포기한다"고 보고 있으며(31쪽), 이러한 타성과 수동성은 조선 전체의 이미지로 확대·재생산되어 "한국 국민들은 의지도 없고 힘도 없다"(71쪽)고 결론 짓는다. 이러한 이미지 위에 중국과 일본에의 종속성, 문화적 비개성 등의 표상을 보태면서 한국을 하염없이 과거로 회기시키고 있다.

▪ 먼 나라 꼬레(Corée)

2) 익명성의 조선, 조선인

한편 프랑뎅(Frandin)은 자신의 책에 실린 사진 중에 정자나 누각 또는 기와집이나 할 것 없이 조선의 건축물에 모두 '파고다'라고 설명을 달아 놓고 있는데, 이는 조선인들이 서양인들의 눈에 구별됨이 없이 서로 비슷하게 보이는 원인과 마찬가지로 대상에 대한 정확한 관찰이나 고증없이 하나의 이미지로 표상하고 일반화하려는 인식의 결과였다. 이것은 조선인이든 조선의 건축물이든 각각의 대상들 사이의 차이는 제거하고 동일성만을 강조하여 조선에 대한 통일된 표상을 부여함으로써 타자의 정체성을 규정하려 했던 오리엔탈리즘에 근거한 사유방식이다. 많은 서양인들이 동양에서의 실제 여행을 할 때 오리엔탈리즘에 의해 학습된 것과는 다른 경험을 하면서 그 동안 표상해온 동양과는 다른 이미지를 만들기도 했는데, 이러한 것들은 제거되거나 동양의 표상으로 잘못된 것으로 치부되었다. 동양은 서양이 규정한 타자의 이미지 하나만이 존재할 뿐이다. 그래서 대부분의 서양인들이 쓴 한국 관련 서적에는 각각의 사물들이 그것의 고유명사 대신에 익명이나 보통명사로 명명되어 있다. 프랑뎅(Frandin)의 사진첩에서도 조선인·서울근교의 산하·파고다(탑)·어린 여성·무희 등 조선(인)은 익명으로만 존재하거나 표상되고 있으며, 더욱이 서울주재 외교관클럽에서 교류했던 한국의 고위관리들을 촬영한 초상 사진에서 조차도 그들의 이름대신에 관직명만을 달아놓고 있다. 사물 하나 하나에 이름을 부여하는 행위는 그 사물의 존재성을 확인해 주는 절차이며, 명명되지 않는 사물은 존재하지 않는 것과 마찬가지이다. 익명은 명명된 것과 명명되지 않은 것 사이의 존재양태라고 할 수 있다. 전체로서는 존재하지만 개별적으로는 부재하는 그런 존재인 것이다.

프랑뎅(Frandin)과는 달리 1902년 에밀 부르다레가 동료와 함께 쓴 『한국인, 그 인류학적 스케치』에는 조선인 4명의 정면과 측면 사진이 실려 있는데, 그 밑에는 대상 인물들의 실제 나이와 이름이 표기되어 있다. 외교관과 인류학자가 재현하는 방식의 차이라고 할 수 있다. 여기서 서양이 동양을 '아는' 방법에 대해 생각할 필요가 있는데, 하나는 동양의 재현체계(세계관)를 서양의 재현체계(세계관)로 번안하는 방법이며(에밀 부르다레의 경우), 다른 하나는 동양을 서양의 정체성을 구축하기 위한 하나의 '부정적 가정(假定)'으로 설정하는 방법(프랑뎅의 경우)이다. 그런데 이 방법상의 차이는 대립적이기보다는 상위개념(후자)과 하위개념(전자)의 관계로 이해해야 한다. 즉 동양에 통일된 타자로서의 정체성을 부여하고, 그 표상 아래 동양을 단층적으로 이해해 들어가는 통합적인 방법인 것이다. 이에 따라 전자는 식민주의를 위한 근대학문적 전략으로 나타났으며 후자는 식민주의의 정당성을 확보하는 지배 담론으로 작용하게 된다. 아무튼 프랑뎅(Frandin)이 설명한 방식으로는 사진의 실질적인 정보를 얻기는 힘들겠지만, 자신이 동양을 이해하고 또 본국의 독자들을 이해시키는 데 편리하고 경제적인 방법인 것이다.

3) 야만과 비위생의 코드

중국이나 일본과 마찬가지로 조선에 온 서양인들에게 문명화의 사명을 강력하게 느끼게 해주었던 것은 다름 아닌 위생과 청결의 문제였다. 서구사회에서 문명의 척도였던 위생과 청결은 조선에서 찾아볼 수 없는 것이기에 이 요소들은 동양 담론의 창출에 있어 중요한 기제로 작용하게 되었다. 이 점을 충분히 인식했던 프랑뎅(Frandin)도 문명과 야만 사이의 지속적인 비교를 통해 프랑스의 조선 담론을 만들어내고 있다. 문명국 프랑스의 일원으로서 "미개한 나라에 갓 도착한"(20쪽) 그에게 가장 고역스러운 것 중의 하나는 거리의 불결함인데, 프랑스공사관으로 가는 길에서 마주친 미로처럼 엉켜 있는 한 지역의 "전염병이 당장이라도 발생할 것 같은" 불결한 환경은 프랑스공사가 정돈하여 "널찍하고 바람이 잘 통하며 깔끔하게 유지된" 프랑스공사관의 주변 거리와 대비되고 있다(42쪽). 그는 문명과 대비되는 조선의 비위생적 상태에 대한 극도의 혐오감을 한국의 의식주에 대해서도 보여주고 있다. 그 "불결함은 고질적"(29쪽)이라며 "편리함 따위와는 아예 타협할 생각이 없는"(96쪽) 조선의 남녀 복식은 야만스러움과 기괴스러움(상복의 경우) 그 자체였다. 또한 한국인의 식생활은 "음식에 대한 기호나 미각이라는 점에 대해서는 전혀 무지하거나 무관심"(57쪽)한 것으로 이해되었는데, 특히 평민이나 상류층 모두가 즐겨 먹는 젓갈은 그의 미각에는 "추접한 음식"(59쪽)이었다. 이러한 인식은 그대로 한국의 문화와 예술로 옮겨 가는데, 단오와 추석에 열리는 민속놀이에 대해서는 "이 대중적 축제는 그야말로 가장 미개한 것"(120쪽)으로 얘기하고 있으며, 한국의 음악에 대해서는 "거의 존재하지 않거나" "진부"하며(62쪽), "사람의 마음을 사로잡을 정도로 매력을 지니고 있지 못한 것"(126쪽)으로 이해하고 있다.

한편 프랑뎅(Frandin)은 수교 당시 한국에서 특별한 지위를 요구했던 종교와 선교의 자유에 관해서는 많은 지면을 할애하면서 자신의 종교관을 설파하고 있는데, 한국의 전통적인 종교인 불교와 무속신앙을 일거에 미신으로 치부하면서 상대적으로 기독교는 한국을 미개하고 야만적인 상황에서 구출할 수 있는 계몽의 빛으로 그리고 있다. 서구 사회가 문명화된 이유를 기독교적 세계관에서 찾는 논리는 간단하게 설명되는데, 그것은 문명화된 서구의 열강들 모두가 기독교를 믿고 있기 때문이다.[5] 즉 도덕적으로 우월한 종교인 기독교는 서구 사회를 문명국가로 만든 원동력이었으며, 따라서 선교는 문명국가의 은총이자 사명이다. 이러한 입장에서 그는 한국인들이 "카톨릭 선교사들과의 접촉을 통해 보다 진보적인 본능을 일깨우고 있으며, 이러한 진보적 본능은 누적된 악습을 없애면서 동시에 폐습을 정화시키는 과업을 느리지만 단호하게 수행하게 될 것"(93쪽)으로 보았다. 다른 한편 프랑뎅(Frandin)은 아동에 대해서도 많은 관심을 보이면서 자신의 컬렉션에 많은 종류의 아동사진을 포함시켰다. 특히 텍스트에서 설명하고 있는 아이의 사진도 있는데, 시장통에서 옷을 완전히 벗고 지내는 이 아이는 음식 쓰레기를 갉아먹거나 이빨이나 손톱 또는 주먹 등 쓸 수 있는 모든 무기를 동원해서 다투는 불균형한 체형의 "어린 괴물"로 묘사하고 있다(105쪽). 귀여움의 대상이 아니라 추악하고 흉칙한 동물처럼 그리고 있는 프랑뎅(Frandin)의 인식에서 조선인을 생물학적 열세종·야만인·미개인으로 표상하려는 서구의 인종주의적 색채를 지우기 어렵다.

지금까지 살펴 본 것처럼 프랑뎅(Frandin)은 한국의 인종·풍속·문화·예술·풍속·종교 등 거의 모든 분야를 문명과 야만이라는 잣대를 이용하여 타자만들기에 동원하고 있으며, 이렇게 만들어진 타자로서의 조선은 그것이 기독교의 전파이든 식민지 개척이든 할 것 없이 문명화의 사명이라는 최고선을 위해 서구의 지배를 숙명으로 받아들여야만 하는 존재가 된다.

---

5) 고미숙, 『한국의 근대성, 그 기원을 찾아서』, 책세상, 2001, 153쪽.

4) 상상의 지리에서 실천의 공간으로서의 조선

프랑뎅(Frandin)의 사진첩에는 남산에서 바라본 서울전경 사진들이 여러 장 있는데, 그것들을 이어 보면 파노라마로 촬영한 서울의 일부분들이라는 것을 알 수 있다. 이 파노라마 사진은 한성의 4대문과 4소문, 각 궁궐과 주요 건축물, 각국의 공사관과 군사시설, 주요 항만 등을 세세하게 촬영하여 정치·군사적 정보를 제공하고 있는 하야시의 『조선국진경』처럼 한성의 지형과 주요 건물의 위치 등을 한눈에 파악할 수 있는 정탐의 기능을 하고 있다. 이러한 목적의 사진들이 그의 컬렉션에 여럿 있는데 한성의 주요 거리와 성문, 그리고 수도 방어시설인 북한산성과 남한산성 관련 사진들이 그것이다. 북한산성의 홍지문, 남한산성의 진남문과 성벽, 그리고 수어장대[6] 사진은 다른 여러 책에도 수록되어 있는데, 그만큼 외국인들에 중요한 군사적 시설로 알려졌던 것 같다. 지리상의 발견 이후 수교하기 이전까지 서양에서는 군인들 뿐만 아니라 수많은 지리학자·생물학자들이 조선을 찾아 비공식적인 조사를 해 갔으며, 그들이 남긴 지형·지리·식생에 관한 정보는 한국학 아카이브에 저장되어 향후 조선과의 수교에서 우월한 위치에 서게 만들었고 조선 수탈에 활용되었다. 따라서 이러한 사진을 모으는 것은 조선을 아는 것(정치·군사적 정탐과 지리적 정보)을 넘어 조선을 실질적으로 소유하고 지배하는 것이 된다.

한편 이 사진은 개화기 조선에서 시각적 충격으로 다가올 어떤 건축물의 등장을 예고한다. 파노라마로 재구성된 서울전경 사진에

---

6) 오군영 - 훈련도감·어영청·총융청·금위영·수어청 - 의 하나인 수어청의 장관(將官)들이 군사를 지휘하던 곳이다.

서 눈에 들어오는 것은 화면의 중심부에 자리한 명동성당 터이다. 사진에는 정지(整地) 작업 중이어서 대성당의 모습은 보이지 않지만, 언덕 위에 자리할 명동성당은 프랑스 신부 코스트(Coste, 高宜善)에 의해 설계되어 건물 높이 23.43m에 십자가를 제외한 종탑 높이가 46.70m에 이르는 준공 당시(1898년) 조선의 건축물 중에서는 가장 높은 것이 된다. 정초식은 1892년 8월에 거행되었기 때문에 그 해 4월에 부임해온 프랑뎅(Frandin)도 이 행사에 참석했을 것이며, 그 자신이 프랑스 외교관으로 한국에서 수행할 중요한 임무 중의 하나이기도 한 '선교의 자유와 보장'이 공식적·상징적으로 이루어진 사건이었다고 할 수 있다. 또한 이 기념비적인 사건을 담은 서울전경 사진은 향후 전개될 원근법적 시선의 재배치를 보여 주는데, 높이와 규모에서 조선 국왕의 절대적 권력이 행사되던 근정전을 압도하고 그 시선의 권력이 명동성당으로 이동함으로써 천주교로 상징되는 기독교적 세계구성 아래 조선이 놓이게 되었음을 강렬하게 표상하고 있다. 이것은 문명화의 사명 만큼이나 신성한 의무였고, 그 출발점에 프랑뎅(Frandin)이 함께 했다는 점에서 이 사진은 의미심장한 사건으로 기억되었을 것이다. 그동안 상상의 지리 속에 갇혀 있던 조선이 식민담론의 실천적 공간으로 거듭나는 순간이다.

지금까지 살펴본 것처럼 타자의 예외적인 모습을 찾아보려는 노력을 조금도 하지 않은 프랑뎅(Frandin)의 한국에 대한 인식은 철저히 오리엔탈리즘에 근거하고 있음을 알 수 있다. 조선을 찾은 서양인들이 조선(인)을 그 자체로부터 이해하거나 바라보지 않고, 오리엔탈리즘을 통해 학습된 조선(인)만을 보고자했던 것처럼, 그도 예외가 아니었다. 문제는 한국의 문화와 예술·풍속·종교 등에 최소한의 애정도 보이지 않고 프랑스의 일방적인 우월주의만을 강조하

▪ 먼 나라 꼬레(Corée)

는 프랑뎅(Frandin)의 책이 프랑스 독자들에게 그와 동일한 표상을 요구했다는 것이다. 아니 어쩌면 독자들이 '기대했던' 조선을 다시 한번 반복해서 보여 주었다고 할 수 있다. 여기서 주목해야 하는 것은 그의 시각이 잘못되었다는 것을 지적하는 것이 아니라 자신의 책에서 보여준 그의 시각이 당시 프랑스인이 한국에 대해 갖는 보편적 인식이었으며(쿠랑과 같은 예외적인 사람도 있었지만), 그 책을 통해 한국에 대한 표상이 한층 더 클리셰한 이미지로 굳어지는 효과를 가져왔다는 점이다. 이 점은 13세기부터 현재까지 프랑스인의 한국 인식의 역사를 서지학적으로 밝혔던 불레스텍스 교수의 글에서도 확인할 수 있는데, 그는 프랑뎅(Frandin)의 여행기가 "한국에 대한 그의 강한 선입견이 실제와 일치하는지를 확인하려는 작업이었다"[7]며 한국을 프랑스의 세련됨과 비교하면서 미개하고 열등한 민족으로 그린 정형적인 프랑스의 오리엔탈리스트로 평가하고 있다.

끝으로 우리는 프랑뎅(Frandin)뿐만 아니라 서양인들에 의해 창출된 한국(인)의 정체성(正體性)이 이항대립적인 관계 속에서 구성되었음을 살펴보았다. 그러나 이렇게 만들어진 한국에 대한 담론과 이미지는 서양에 의해서 일방적으로 부여된 허상이 아니라 조선인들의 인식 속에 틈입하여 우리가 생각하는 근대적 개념의 기원을 이루었다. 조선을 타자로 규정하기 위해 동원된 위생과 청결은 조선인 스스로 시급히 이루어야 할 문명의 척도로 받아들였으며, 근대적 인식이 싹트는 과정에서 '내 안의 오리엔탈리즘'이 자리잡게 되었다. 그 결과 프랑스 나아가 서양에 의해 부여된 한국의 정체성이 우리 자신의 정체성으로 '재표상'되기에 이른다. 조용한 아침의 나라, 은둔의 나라, 고요한 나라, 착한 미개인, 동양의 현자 등 한국의 이미

---

7) 프레데릭 불레스텍스 지음, 이향·김정연 옮김, 『착한 미개인, 동양의 현자』, 2001, 청년사, 177쪽.

지로 표상된 수많은 언어적 수사들이 우리 스스로를 비추는 거울이 된 것이다(서양에 의해 창출된 이러한 수사들이 우리나라의 문화와 예술 담론에서 '한국적'·'전통적'인 것으로 받아들여진 것은 한마디로 아이러니이다). 이처럼 타자에 의해 부여되었지만 우리 안에 각인되어 그것을 자신의 표상으로 삼고 있는 한국의 정체성은 양가적일 수 밖에 없으며, 그렇기 때문에 우리의 정체성이 무엇인지 찾기 위해 그 기원이 되는 개화기 당시 쓰여진 외국인들의 여행기와 사진자료를 추적하는 일은 그래서 중요하다.

6. 프랑뎅(Frandin)을 넘어서
— 프랑스 파리만국박람회와 조선(인)의 재현

프랑뎅(Frandin)은 1892년에서 1894년까지 3년 남짓한 기간을 한국에 머물면서 외교관련 업무를 수행했지만, 이 기간은 한불 관계에 있어서 새로운 전기를 마련한 1900년 프랑스의 파리만국박람회의 한국 참여를 기획하고 독려하기 시작한 때이기도 했다. 국사편찬위원회에서 펴낸 한불관계자료집8)에는 주한프랑스 영사가 프랑스의 외무부 장관에게 보낸 1893년 5월 7일자 공문이 실려 있는데, 공문 제목 그대로 「한국의 만국박람회 참가 독려를 위한 1889년 박람회의 홍보물을 요구」하는 내용이다. 1893년은 마침 한국이 5월 1일부터 10월 30일까지 미국에서 열린 시카고박람회를 참가한 해였으며,

---

8) 이 한불관계자료집에는 한국이 이 박람회에 참가하게 된 일련의 과정과 전시목록, 한국관 건축도면 등 각종의 관련 문서가 번역되어 있는데, 그 출처는 프랑스 국립고문서관·프랑스 외무부고문서국·프랑스 국립도서관에 소장된 자료들로 되어 있다(국사편찬위원회 편, 『한불관계자료 — 주불공사·파리박람회·홍종우』, 2001).

이러한 사례를 들어 재정 문제만 해결되면 파리박람회 참여가 가능하다는, 그리고 국왕의 관심을 끌게 하기 위해 1889년에 열린 파리박람회 도록을 보내달라는 요청문이다. 발신자명에 직급만 나와 있고 영사관 이름은 적혀 있지 않지만 당시 주한프랑스 영사가 프랑뎅(Frandin)이었기 때문에 그가 한국 재직시 본국에 보낸 유일한 박람회 관련 공식문서임을 확인할 수 있다.

이처럼 1900년 파리만국박람회의 한국관 설치는 세계박람회로서는 시카고만국박람회(1893)에 이은 두 번째였지만, '조용한 아침의 나라'로만 알려졌던 유럽에는 처음으로 소개되는 사건이기도 했다. 또한 한국관 개설은 꼴랭 드 플랑시 초대 전권공사와 프랑스어교사 샤를 알레베끄(Charles Aleveque), 서지학자 모리스 쿠랑(Maurice Courant)의 적극적인 협조와 유치계획 하에 이루어졌지만, 그 시작점에 프랑뎅(Frandin)이 있었던 것이다. 이러한 인연으로부터 한국의 파리박람회 참가에 관여한 프랑스 관련 인사들의 역할이 무엇인지, 그리고 그들에 의해서 한국이 프랑스인들에게 어떻게 표상되었는지 살펴보고자 한다.

프랑스가 10여 년 가까이 오랜 기간동안 공들여서 한국을 파리박람회에 굳이 참여시키고자 한 의도는 무엇이고, 한국 정부가 이 박람회에 참가하기 위해 특별사무소와 위원회를 설치하고 서울위원회 부총재대원으로 민영찬을 임명하여 파리대표로 보내는 등 적극적인 의사를 표명한 바는 무엇 때문이었을까? 표면적으로는 이번 계기를 통해 한불우호관계를 증진시킨다는 명분에서 이루어졌지만 서로의 입장은 다른 곳에 있었다. 한국의 경우 식산흥업과 부국강병의 기치를 드높이기 위해 박람회에 참여했다기보다는 1893년의 시카고박람회 때와 마찬가지로 신생 독립국가로서의 대한제국의 존재를 만국에 알리고 정치적 급변 속에서 프랑스의 지지를 얻어내기 위한 외교전략적 차원에서 이루어졌다고 볼 수 있다.

이와는 달리 한불수호통상조약 체결이후에도 한국에 대한 비개입 정책으로 일관했던 프랑스는 청일전쟁 후 러시아·독일과 함께 삼국간섭의 일원국이 되면서부터 이권쟁탈에 참여하게 되는데,9) 특히 러시아와의 동맹조약(1894)과 고종의 아관파천(1896) 후 러시아의 한국에 대한 세력이 점증하면서 경제적 이권을 챙기기 시작했다. 그러나 1898년 영일동맹 체결과 조선에서의 친러파의 처형 후 러시아 세력이 퇴조하자 그와 동맹관계를 맺고 있던 프랑스는 이러한 경제적 이권의 유지를 위해 한국 정부와의 긴밀한 접촉이 요구되었던 상황이었다. 특히 1899년에 한국 정부의 경의선 철도부설권 반환 요구시 드 플랑시 공사는 여러 조건을 전제로 하여 반환하기는 했지만, 이를 계기로 한국에 대한 프랑스의 영향력도 쇠퇴해가기 시작했다.10) 이렇게 양국의 관계가 냉각되어 가던 시점에서 박람회는 한불간의 관계를 다시 한번 지필 수 있는 좋은 계기였다. 결국 박람회를 추진하는 과정 속에서 경의선 철도부설권(1896)과 광산채굴권(1901)의 획득, 한국 정부에 대한 차관 공여, 우표 주문이나 소총구입 주문 등의 가시적인 성과를 얻게 되었다. 반면 한국 정부는 박람회가 열린 그 해에 1887년부터 추진해 온 프랑스공사관과 공관을 우여곡절 끝에 설치하여 유럽을 상대로 한 외교전략을 강화해 나갈 수 있는 계기를 맞게 되었다.

---

9) 홍순호, 「한불수교백년의 회고와 전망」『한국정치외교사논총』(vol.3), 1986, 211쪽.

10) 법적인 한불 관계는 1886년에 시작되었지만 비개입 정책에 따라 한국과의 관계에 소극적이었다가 실질적인 관계의 진전은 1896년 드 플랑시가 주한프랑스공사로 재임되어 오면서부터 시작되었다(김영식, 「대한제국의 대불외교관계(1897~1905)」, 위의 책, 74~77쪽). 이런 이유에서 프랑댕(Frandin)의 조선에서의 외교적 활동과 역할 등 그의 이력에 대한 정보가 거의 남아있지 않은 것 같다.

▪ 먼 나라 꼬레(Corée)

　이러한 서로 다른 이유와 목적에서 한불 양국은 파리박람회장 안에 한국관을 설치하게 되었으며, 드 플랑시와 알레베끄, 그리고 쿠랑의 적극적인 협력과 지지 속에서 한국의 물산과 예술품들을 전시하기 이른다. 드 플랑시는 주한 외교관으로서 장기간 체류하면서 개인적으로 수집한 한국의 도자기와 고서 등을 한국관에 출품·전시하게 했으며, 프랑스어 자유계약 교수로서 서울에서 활동했던 알레베끄(롱禮白)는 1897년 프랑스 상인으로 서울에 도착해 1874년형 소총 1만 자루와 탄피 1백만 개를 주문받는 데 성공하여 델카세 외무장관의 동의를 얻어 쌩 떼띠엔느 가내공장을 맡은 인물이다.[11] 이후 알레베끄는 한국과 중국에 겸임 주재하는 프랑스 무관이면서 파리 만국박람회 한국지부의 파리위원회 위원이었던 비달(Vidal) 소령의 사임으로 그를 대신해 만국박람회 한국위원회 대표로 임명되어 박람회 사무에 관한 임무를 수행하였으며,[12] 한불간 체신협정 체결(1901)후 우체고문으로 와 있던 클레망세(E. Clemencent)의 건의에 따라 자신이 촬영하거나 수집한 사진 40여 장을 사진엽서로 만들어[13] 한국(인)의 표상을 대중적인 방식으로 프랑스 사회 전체로 확산시키기도 했다. 이 일을 계기로 드 플랑시와 알레베끄는 박람회가 끝난 후에 프랑스 정부로부터 레지옹 도뇌르 훈장 2등급에 추서되어 훈장을 받게 되었다. 이들에 대한 훈장 수여는 한국의 박람회 참가를 위해 노력한 수고의 대가로서 뿐만 아니라 그것을 계기로 한국에서 프랑스가 취하게 될 경제적 이권에 대한 보상차원에서 이루어졌다고 할 수 있다.

---

11) 쟝 끌로드 알랭, 「고종재위기간의 불한관계(1864~1907)」, 위의 책, 97쪽.
12) 국사편찬위원회 편, 『한불관계자료─주불공사·파리박람회·홍종우』, 2001, 224쪽.
13) 최인진, 『한국사진사』, 160쪽.

파리박람회의 한국 참가와 관련해서 중요한 또 한 명의 인물은 쿠랑으로, 그는 이미 1890년 5월부터 1년 10개월 동안 주한 프랑스 공사관의 서기관으로 한국에 부임했었으며, 당시 전권공사로 와 있던 드 플랑시의 권유로 『한국서지 : 한국의 문학일람(1894~1901)』이라는 책을 통해 한국의 고서와 역사를 유럽에 소개했던 동양학(한국학) 연구자였다. 그는 파리박람회 당시 외무부 관리로서 파리위원회 위원으로 참가하고 있었으며, 「샹 드 마르스에 있는 한국관」이라는 참관기와 사진 50여장을 수록한 『서울의 추억, 한국』을 파리박람회에 맞춰 출판하기도 했다. 쿠랑은 이 책에서 전시된 품목뿐만 아니라 건축물과 공예품·민속품·불상·인쇄물·복식 등 한국문화 전반에 걸쳐 그 우수성과 섬세함과 독창성에 대해 소개했으며, 이를 통해 유럽인들의 한국문화와 예술에 대한 경시와 야만적 취급 등 부정적인 편견들과 상대적 우월주의와 오만함을 질타하면서 끝을 맺고 있다. 하지만 이러한 그의 애정어린 평가에도 불구하고 일반대중들이 한국에 대해 갖는 클리셰한 이미지는 극복되지 못한 것 같고, 한국관에 대한 프랑스 대중들의 반응은 그다지 크지 않았던 것 같다. 그것의 위치가 박람회장의 외곽인 쉬프랑 거리에 세워졌던 것도 이유 중의 하나가 되지만, 한국관은 서구의 근대적 가치척도인 문명화·산업화·공업화의 대척점에 위치한 비교대상일 뿐이며, 그래서 서구의 정체성을 선명하게 그리는데 유용한 열등함의 지표였기 때문이다. 쿠랑의 애정어린 외침이 프랑스인들에게 얼마나 공감을 얻었을까 미지수이다.

한편 모리스 쿠랑의 작은 사진첩에는 고종과 순종, 그리고 내각 대신들과 조선의 각종 풍속·풍물을 찍은 사진 50여 장이 수록되어 있다고 하는데, 이러한 조선의 인물 사진들은 쿠랑의 의도와는 무관하게 서구 열강들의 식민주의 담론과 오리엔탈리즘을 교육하고 강

▪ 먼 나라 꼬레(Corée)

화하는 시각적 교육자료로서 쓰였을 가능성이 많다. 그 이유는 프랑스가 자국에서 열린 박람회에서 최초로 '식민지 취락지역'을 설치했었다는 이력에서 찾을 수 있다. 1889년의 파리박람회에서는 회장 내에 식민지 취락을 재현해서 그곳에 여러 나라에서 데려온 원주민들을 필요한 식료와 생활도구만을 주고 박람회가 열리는 수개월 동안 밤낮으로 생활하게 하였다.[14] 이 식민지 취락지역의 설치는 이후 시카고박람회를 비롯해 유럽은 물론 미국과 일본에서 열린 만국박람회에서 앞 다투어 이루어졌으며, 박람회에서 가장 인기있는 볼거리의 하나로 전시되었다. 일종의 인종전시장인 이 취락지역은 식민지 개척에 성공한 제국주의국가의 자신감의 표출이며, 동시에 19세기 서구 유럽에 풍미했던 인종이론을 학습하는 장이기도 했다. 문명이라는 이름의 야만적 전시방법이 19세기말과 20세기초의 제국주의국가에서 열렸던 것이다.

1900년의 파리박람회에서도 이러한 인종전시장이 재연되었는데, 박람회의 부대행사로 열린 '만국학예회의'의 주제로부터 이 점을 확인할 수 있다. 이 회의는 총 12부로 나눠 진행되었는데, 제1부 교육 및 교수법, 제2부 미술·장식술·문학·연희술·사학·고고학, 제3부 산술학(중학·성학·측지학), 제4부 물리학·화학 및 그 응용(물리화학·기상학·이학적 공업), 제5부 박물학(지질학·광물학·식물학·동물학·해부학·생리학·인류학), 제6부 의학 및 약제학, 제7부 응용기계학·건축술·조선술·운반술, 제8부 농업학(농학·경작술·포도재배술·농예술·원예술·임업술·주렵술·어렵술), 제9부 이재학·입법·통계, 제10부 사회학(경제·위생·구조), 제11부 식민 및 지리학(지리·천연지리·지리정찰), 제12부 공업 및 보통상업 등을 회의주제로 하고 있다.[15] 박람회 전시부문에 따라 만

---

14) 吉見俊哉, 『博覽會の 政治學』, 中公新書, 1992, 185쪽.

국학예회의의 회의주제를 정했는지는 확인해봐야 하겠지만, 제11부의 의제인 '식민과 지리학'은 이 박람회의 제국주의적 성격을 대변한다.

이러한 박람회의 성격으로부터 한국의 물산뿐만 아니라 한국의 한 마을을 재현하여 거기에 한국인들을 생활하게 하는 전시계획이 세워졌다. 그 계획안은 한국관 설치비용을 본인이 부담하겠다고 제안한 파리위원회 총무대원인 드로 드 글레옹 남작에 의해서 작성되었는데, 전체 한국관 부지를 2부분으로 나눠 하나는 '공식적인 것'으로, 다른 하나는 '독특한 구경거리'로서 조성하는 것이다. 전자는 조선 왕궁의 방 하나를 통째로 모방한 건물을 지어 한국의 물산들을 전시하는 공간으로 구성하며, 후자는 제물포의 특정한 길을 재현하여 그 길에 있는 집들과 건물에는 '대중의 눈 밑'에서 생산품들을 만들어 파는 '진짜 토착민'들의 가족들이 노점상인들과 야외 곡예사들과 함께 거주하게 하는 이국적인 거리로 조성하는 계획이었다.16) 여기서 '독특한 구경거리'로 조성될 제물포의 특정 구역은 앞서 말한 '식민지 취락지역'에 다름 아니며, 이 지역에 한국인들이 실제 거주하면서 유럽 대중들의 눈 밑에서 구경거리로 전시되도록 하는 이 계획은 그들로서는 이국적이고 '특이하고 오락적인'(글레옹) 것임에 틀림 없었다. 그러나 이 계획은 글레옹의 급작스런 사망으로 이루어지지 못하고 한국관 건축만으로 축소되었다.

또한 구체적인 전시계획은 알 수 없으나 이와는 별도의 인종 전시가 기획되기도 했다. "파리박람회에 기생출품 — 1900년 파리에서 열린 만국박람회에 조선에서는 반도 특산물 몇 종과 조선 미인을

---

15) 『황성신문』, 1899년 8월 10일 참조.

16) 「한국관 구성에 관한 글레옹 남작의 의견서」와 「만국박람회 총재위원과 글레옹 남작 간에 체결한 협약서」에서 인용. 국사편찬위원회 편, 『한불관계자료 — 주불공사·파리박람회·홍종우』, 2001, 191 및 197쪽.

세계에 소개할 작정이었든지 장안 1등 명기 10명을 골라 꽃의 파리
로 파견키로 하였다"라는[17] 기사에서 알 수 있듯이 서양 남성들에
게 에로티시즘과 엑조티즘이 결합된 대상으로 표상되어 오던 기생
이 조선의 물산과 함께 세계(서구 유럽)의 일반 대중들에게 소개될
계획이었던 것이다(프랑뎅의 컬렉션과 책에서는 기생사진과 그에
관한 언급이 많다). 경비 관계로 결국 이루어지지는 않았지만, 이 사
례를 통해 당시 파리박람회가 갖는 식민주의적 성격을 어느 정도
가늠해 볼 수 있다. 다행인지 불행인지 우여곡절 끝에 한국인이 식
민지 원주민처럼 전시되지는 않았다. 그 대신 한국 복식을 걸친 인
형이나 한국인을 촬영한 사진들이 대리 전시되었다. 이와 같은 맥락
에서 쿠랑의 사진첩 발행은 그가 의식하지는 않았지만, 결국 실물을
대리한 사진을 통해 프랑스 제국과 그 제국의 인종주의 및 식민 담
론에 봉사한 꼴이 되었다.

한편 쿠랑의 『서울의 추억, 한국』에 실린 사진은 앞에서 언급한
에밀 부르다레의 소논문인 「한국인, 그 인류학적 스케치」(1902)에
게재된 사진과 비교 검토해 볼 만한데, 부르다레의 소논문에는 기존
의 풍속이나 풍물로서 다루어진 것과는 달리 인류학적 대상으로서
한국인을 표상하고 있기 때문이다. 여기에 실려 있는 한국인 4명의
정면과 측면사진(이중에 박창식이라는 인물은 1904년에 출간한 부
르다레의 『한국에서』안에 다시 게재된다)은 인류학적 조사와 통계
의 자료로 사용하기 위해서 제작되었기 때문에 많은 수의 조선인이
찍혔을 가능성이 있다. 그런데 서양인들이 이러한 촬영방식으로 조
선인을 촬영한 경우는 극히 드문 예로서, 1888년 알퐁스 베르티옹
(Alphonse Bertillon)이 범죄사진에서 정식화시킨 인체측정사진술을

---

17) 『삼천리』 1934년 11월호 ; 김진송, 「서울에 딴스홀을 허하라」, 『현실
　　문화연구』, 1999, 218쪽에서 재인용.

인류학 연구에 응용한 사례라고 할 수 있다. 이러한 재현 방식은 훗날 일본의 인류학자 토리이 류조(鳥居龍藏)가 조선총독부의 촉탁으로 한국에 와서 한국인들을 대상으로 한 인체측정사진을 제작할 때 사용되었으며, 항일운동 관련인사들을 촬영한 서대문형무소의 범죄사진과 전국의 기생들을 권번별로 촬영·종합한 『조선미인보감』에서도 반복되었던 타자의 표상방법이다.

끝으로 프랑뎅(Frandin)의 컬렉션과 관련해서 흥미로운 사실이 하나 있다. 프랑뎅(Frandin)이 함께 촬영한 단체기념사진에는 민종묵(閔種默)이 포함되어 있는데, 그는 1881년 당시 조사시찰단 조사의 자격으로 일본에 건너가서 마침 동경 우에노공원에서 열리고 있던 제2회 내국권업박람회를 견문한 바 있는 인물로서, 초대 외무대신 시절 프랑뎅(Frandin)과 교류하고 있었다는 점은 한불박람회사에서 중요한 시사점을 제공한다. 물론 그가 '서울주재 외교관 클럽'의 일원으로 자연스럽게 프랑뎅(Frandin)과 교류했겠지만, 향후 전개될 파리박람회와 관련해서 모종의 역할을 하지 않았을까 추정해 본다. 그것은 조사사찰단이 그를 포함한 여흥민씨파가 주축으로 구성되었던 것과 마찬가지로 파리박람회 당시 한국위원회 총재대원(민병석)과 부총재대원(민영찬) 모두 여흥민씨였다는 점에서 어떤 식으로든 박람회 참가 과정에 민종묵의 역할이 있었을 가능성을 생각해 볼 수 있기 때문이다. 민영찬은 박람회가 계기가 되어 1901년 주불 한국공사관에 임명되어 프랑스에 부임하게 되었다. 하지만 이러한 추정은 보다 자세한 자료가 나올 때까지는 하나의 가정으로 남을 수 밖에 없다.

지금까지 1900년에 열린 파리박람회를 중심으로 한국관의 설치를 위해 노력한 프랑스 인물들을 다루면서 그들의 역할과 한국 참가가 갖는 의미와 효과에 대해 살펴보았다. 박람회 참가는 한국이 공식적

▪ 먼 나라 꼬레(Corée)

으로 유럽에 소개되고 그 존재를 확인하는 자리였다는 점에서 의미
있는 사건이었지만, 이러한 한국 정부의 박람회 참여 목적과는 다르
게 한국(인)이 표상되었으며 또한 지한파(知韓派)라고 자처할 만한
드 플랑시와 알레베끄, 꾸랑의 애정어린 시선과 노력은 결과적으로
제국의 지도그리기에 일조했음을 알 수 있다.

7. 프랑스인이 촬영한 한·불 관련
사진아카이브의 구성의 필요성

프랑뎅(Frandin)의 사진컬렉션의 성격을 규명하기 위해 여러 서적
들과 관련 자료들을 조사했음에도 불구하고 여전히 그 사진의 주체
가 누구인지 정확히 판단하기가 어려우며, 사실확인 작업을 진행할
수록 더욱 미궁에 빠지게 되는 경우가 많다. 앞에서 언급했듯이 프
랑뎅(Frandin)과 그 외의 서양인들의 책에서 흔하게 볼 수 있는 사진
들은 하야시의 『조선국진경』을 근거로 해서 그것을 찍은 사진가와
촬영 연대를 추정해 볼 수 있었지만, 이 역시 또 다른 한계에 부딪
힐 수 밖에 없다. 그것은 한국의 사진수용의 역사에서 선각자적 역
할을 한 황철[18]의 컬렉션에 하야시의 것과 동일한 사진들이 대거
포함되어 있기 때문이며, 만약 그것이 황철이 촬영한 것이라면 그의
활동시기를 고려할 때 그 사진들의 촬영연도는 10년 가까이 앞선

---

18) 황철(1864~1930)은 1882년 중국 상하이에서 카메라와 사진장비를 구
　　입하고 사진술을 습득한 후, 1883년 종로 대안동에 촬영소를 설치하
　　면서 사진활동을 시작했다. 궁궐의 주요 건물과 문루·정원, 그리고
　　서울 시내와 근교의 주요 성문과 거리·누각·사찰 등을 사진으로
　　남겼으며, 이 때문에 수구파들에게 국가비밀을 누설하는 간첩죄로 투
　　옥되기도 했다. 최인진, 『한국사진사』, 눈빛, 1999, 98~101쪽.

것으로 이해될 수 있기 때문이다. 더우기 황철의 것으로 추정되는 '세검정'과 남한산성의 '수어장대' 사진은 각각 앵거스(1905)와 언더우드(1904)의 책에도 실려 있는데, 이쯤되면 사태가 점점 복잡해진다. 이처럼 동일한 사진이 촬영자와 촬영연대(출판연대)를 달리하면서 여러 서적과 개인컬렉션에 포함되어 있어 사진을 통한 서양인의 시각과 인식을 읽어내거나 한국근대사를 재조명하는 역사기록물로서 활용하는데 커다란 장애가 되고 있다. 이러한 문제는 최근에 역사학자·서지학자·복식학자·사진학자 등이 참여한 명성황후의 초상사진 진위 논쟁에서도 드러났으며, 앞으로 일어날 수 있는 수많은 논쟁 중의 한 단면일 뿐이다. 따라서 사진의 기록적 가치를 보장받기 위해서는 무엇보다도 검증과 사료비판 작업이 선행되어야 하며, 나아가 연구자들을 위해 검색과 활용을 용이하게 할 수 있는 체계적인 관리를 서둘러야 한다.

개화기를 중심으로 한 한불관련 사진아카이브를 구성하기 위해서는 우선 당시 이곳을 찾은 프랑스의 수많은 여행가·선교사·외교관·학자들이 남긴 서적들과 함께 그들이 수집하거나 촬영하여 컬렉션한 사진들과 필름들을 찾아내어 그 출처를 밝히는 작업이 필요하다. 서양인들이 펴낸 한국관련 서적들은 한국관계 고서찾기 운동본부(LG-연암문화재단과 명지대학교의 협력에 의해 출범)가 1995년부터 수집하기 시작하여 현재 '명지대 LG-연암문고'에 소장된 1만 여점의 서적들이 수집되어 있기 때문에 그 전모를 어느 정도 파악할 수 있는 단계에 와 있지만, 해외에 소재한 원본 사진과 필름은 그 내용과 규모가 전혀 파악되어 있지 않다. 현재 프랑스의 기메(Guimet) 아시아 박물관과 국립지리학회에는 루이 마랭의 사진컬렉션이 분산·소장되어 있는데, 마랭 자신이 1901년 한국 여행시 직접 찍은 입체경 사진과 당시 명동의 일본인 상인에게서 사들인 사

진 229장(여기에는 사진엽서 86장이 포함되어 있다)으로 구성되어
있다고 한다.[19] 흥미로운 점은 이 컬렉션의 사진엽서 중에서 1번부
터 48번까지 일련번호가 매겨져 있는 것은 알레베끄가 제작한 엽서
와 같은 것이며, 또한 알레베끄 엽서 시리즈 중 4점과 꾸랑의『서울
의 추억, 한국』에 게재된 22점이 알부민 프린트방식의 사진으로 남
아있다고 한다. 또 다른 사진엽서 중에는 앵거스의『한국에서』(불문
판)에 실린 것도 있다고 한다. 이처럼 마랭의 사진컬렉션은 알레베
끄와 꾸랑·앵거스, 그리고 프랑뎅(Frandin)의 컬렉션과 겹치는 부분
이 많은데, 여기서 알 수 있는 것은 프랑스인들뿐만 아니라 당시 한
국을 찾은 수많은 서양인들이 개인적으로 촬영한 것 이외에 일본인
사진관에서 상업적으로 제작한 많은 수의 사진들을 수집해갔다는
것이다. 프랑뎅(Frandin)의 컬렉션도 이렇게 수집해간 사진들로 구성
된 것이라고 볼 수 있다.

　마랭의 컬렉션을 구체적으로 확인해보아야 전모를 밝힐 수 있겠
지만, 앞의 내용만으로도 개화기 당시 프랑스인들의 촬영하거나 수
집해간 사진들의 성격과 출처에 대한 일면을 파악할 수 있다는 점
에서 한·불 관련 사진아카이브의 필요성이 더욱 요구된다. 현재
마랭처럼 공공기관에서 컬렉션하고 있거나 프랑뎅의 경우처럼 후손
이 개인적으로 보관하고 있는 한국관련 사진들이 프랑스의 여러 곳
에 산재되어 있을 것이며, 따라서 그 사진자료들을 찾아 정리하고
규명하는 고고학적 작업을 통해 사진아카이브는 구성될 수 있다. 최
근에 사진고고학자라는 직함의 고토 가즈오(後藤和雄)는 막말과 명
치 시기에 일본과 접촉이 잦았던 영국·프랑스·미국·네덜란드
등 서구 열강들의 국공립박물관과 미술관·기록보존소, 그리고 개

---

19) 프레데릭 불레스텍스, 「글이라는 거울에 비친 맑은 아침의 나라」 ; 조르
　　주 뒤크로, 최미경 역, 『가련하고 정다운 나라, 조선』, 2001, 눈빛, 140쪽.

인소장처 등을 찾아 당시 일본을 기록한 사진들을 발굴하고 보존하는 일에 종사하고 있다고 한다. 그가 발굴해낸 사진들은 일본의 근대사를 재조명하는데 중요한 사료라는 점에서 가즈오의 고고학적 사진 탐사는 우리에게 시사하는 바가 크다. 그런데 이러한 발굴과 더불어 중요한 것은 그 사진들을 고증하고 복원·보존하는 관리체계를 수립하는 일이다. 그리고 이러한 일을 위해서는 제도적 뒷받침으로 가칭 사진서지학·사진역사학·사진기록학 또는 사진고고학 등을 주제로 한 학제적 연구의 모색과 관련 전문가들을 양성할 수 있는 교육기관 및 공공기관의 신설이 필요하다(국공립 박물관이나 미술관에 사진부와 사진전문 학예연구원이 없는 나라는 우리나라 뿐이다).

8. 맺음말

지금까지 개화기 당시 한국을 찾은 프랑스인들의 사진을 통해 우리는 한·불 외교사와 문화교류사를 새롭게 조명해 볼 수 있었다. 프랑뎅(Frandin)의 컬렉션에서 볼 수 있듯이 서울주재 외교관클럽사진이나 각국의 공사관사진, 그리고 외국인 군사고문과 신식군대의 훈련사진 등은 서구열강의 각축장이었던 조선의 근대화 과정과 그 당시 조선 정부가 취한 외교적 전략 등을 시각적으로 재구성하는데 있어 중요한 자료가 된다. 또한 프랑뎅(Frandin)이 직접 촬영한 것은 아니지만 선택적으로 수집해간 풍속 및 풍물 관련사진들은 프랑스인들이 조선과 조선인들을 어떻게 바라보고 표상했는지, 그리고 그렇게 표상된 조선(인)이 박람회와 같은 국제 이벤트에서 유럽의 대중들에게 어떤 식으로 전시되고 교육되었는지를 밝힐 수 있는 시각

• 먼 나라 꼬레(Corée)

적 텍스트라고 할 수 있다. 나아가 이 사진 자료들을 통해 타자에
의해 규정된 조선인의 모습은 무엇인지 그 기원을 확인해 볼 수 있
을 뿐만 아니라 프랑스가 조선이라는 타자의 거울을 통해 자신의
정체성을 어떻게 규정해 나갔는지를 밝힐 수 있을 것이다. 한·불
관련 사진아카이브의 필요성은 바로 여기에 있다.

Ⅱ. 오리엔탈리즘(Orientalism)에서의 조선 읽기

조선에 온 외교관들은 서울을 둘러싸고 있는 산세 및 군사 요새인 북한산성과 남한산성, 산성 내의 시설물, 교통로, 왕릉가는 길 등에 대해 깊은 관심을 기울였다. 프랑뎅(Frandin)도 예외는 아니었다. 정치적 격변기에 열강의 외교관들이 서울의 도성문에서 주변으로 연결되는 성문의 위치와 교통로를 확인하는 것은 유사시를 위한 필수사항이었다.

이러한 맥락에서 프랑뎅(Frandin)이 서울 주변의 산하를 순례한 것은 단순한 여행 이상의 일정한 목적을 가진 움직임이라 할 수 있다. 특히 그의 사진에는 남한산성과 북한산성으로 가는 길에서 주된 볼거리가 나타난다. 그리고 북한산과 한강을 멀리서 조망하는 듯한 사진과 주요 출입문·군사 건축물·행궁·사찰 등이 있고, 장소를 알려주는 친필 기록도 있다. 그 외에 이름을 알 수 없는 몇몇 사찰, 왕릉과 새남터 가는 길, 그리고 수원 화성의 모습도 희미하게 드러나 있다.

103. 테니스와 여가활동 / A tennis & leisure activity
　　조선에 온 서양의 외교관들이나 선교사들이 여가활동에서 가장 선호한 것
　　중의 하나가 테니스였다. 그래서 이들이 머무르는 곳의 주변에서 쉽사리
　　테니스 코트를 볼 수 있다.

104. 망원경과 우산 / A telescope & umbrella
　　나들이 하던 중 모화관의 별채로 추정되는 곳에서 휴식을 취하고 있다. 망
　　원경과 고르지 않은 날씨에 대비한 검정 우산이 쉽게 눈에 보인다.

105. 남대문 전경 / A front view of Namdae gate
전차길이 놓이기 전의 모습으로 길가의 왼쪽으로 늘어선 건물은 말·나귀 등을 매놓거나 여물을 주는 곳이고, 오른쪽의 건물은 생활용품을 활발하게 거래하는 곳이다. 남대문 앞에는 아침마다 나무장수들이 모여들어 사람들로 붐볐다.

106. 남대문 거리 / Namdae gate street
남대문 거리는 조선 후기에 이미 '칠패'라는 이름의 시장이 형성되어 상거래가 이루어져 왔다. 개화기에도 여전히 소규모의 상점을 중심으로 거래가 활발하였는데, 프랑뎅(Frandin)은 상점에는 여러 가지 상품이 뒤죽박죽 제멋대로 쌓여 있으며, 거의 평민들만 찾아온다고 설명하고 있다.

107. 포도주와 담배 / A wine & cigarette
　　공사관 관계자들이 서양식 의자에 앉아 프랑스산 포도주를 마시고
　　있다. 탁자 위에는 조선인 안내원이 들고 있는 것과 모양이 다른 병
　　과 술잔, 담뱃갑이 놓여 있다.

108. 포도주와 담배 / A wine & cigarette

262

109. 중국안내원과 함께 / Together with Chinese guide
프랑뎅(Frandin)은 『조선에서(En Corée)』에서 조선인들의 개고기 먹는 풍속에 대해 서술하고 있는데, 이것은 그가 품고 있는 강아지와 비교할 수 있다.

110. 세검정(洗劍亭)의 백불사(白佛寺) / The Backbul temple at the Seigeomjeong

111. 사찰의 승려 / A monk at the Buddhist temple

112. 사찰에서의 기도 / A prayer at the Buddhist temple

113. 종루 / Bell Pavilion
    1395년(태조 4)에 지어졌는데, 저녁과 새벽에 종을 쳤다. 건물 안에 커다란
    종을 매달아 두어서인지 프랑뎅(Frandin)은 이곳을 '커다란 종이 있는 사
    찰'이라고 기억하고 있다.

114. 흥선대원군의 별장 / Heungsondaewongun's Gongdukri villa
    고종의 아버지인 흥선대원군 이하응(李昰應)의 서울 공덕리 별장으로 추정
    된다. 가옥과 계단의 규모를 통해 대가집의 풍모를 엿볼 수 있다. 공덕리 별
    장은 당대에 정치적 회의장소로 많이 활용되었다.

祝
花
源
康

115. 시위대장과 그의 가족들 (Ⅰ) / The captain of the Royal guards & his family
눈을 지그시 감은 인물은 시위대장 박승환(朴昇煥)으로 추정되며, 손목에는 토시를 끼웠다. 어린 아이들과 함께한 가족사진이다. 차림새로 보아 겨울로 여겨진다.

116. 시위대장과 가족들 / (Ⅱ)
The captain of the Royal
guards and his family
정자관을 쓰고 손목에 토
시를 끼운 인물은 시위대
장 박승환(朴昇煥)으로 추
정되며, 아이들과 자리를
함께 하였다.

117. 무희들 / A dancer
    궁중의 행사에서 춤을 추기 위해 차려입은 모습이다. 비교적 나이가 든 세 명은 여
    령복(女伶服)을, 어린 한 명은 동기복(童妓服)을 갖추었다.

118. 무희들 / A dancer

119. 평민의 식사 / Eating
프랑뎅(Frandin)은
『조선에서(En Corée)』
에서 조선인들이 젓가
락을 능숙하게 이용하
여 음식을 먹는 모습
을 호기심으로 바라보
고 있다(프랑스 선교
사 촬영).

120. 지게꾼 / An A-frame
coolie

121. 지게를 진 아버지와 아들
/ A father & son

122. 가마를 타고 가는 여인 / The woman riding in a palanquin
   따르는 몸종이 없는 것으로 보아 관청에 들어가는 기녀로 여겨진다. 서양
   인들의 눈에 가마는 신기하고도 독특한 이동 수단이었다.

123. 돌치기놀이 / Stone-throwing

124. 소리꾼의 소리 연습 / P'ansori(A narrative musical form unique to Korea)
프랑뎅(Frandin)은 『조선에서(En Corée)』에서 조선의 음악에 대해 전혀 음율도 없고 지루하기만 한 것으로 설명하고 있다.

125. 서당의 훈장 / A teacher
프랑뎅(Frandin)은 중국어교수로 설명하고 있다. 이것은 당시 조선과 청의 관계를 바라보던 서양인들의 인식을 살펴볼 수 있는 부분이기도 하다(프랑스선교사 촬영).

126. 서당 / A private school

127. 장옷입은 여인 / A
kind of long hood
formely worn by
women
프랑스선교사 촬영

273

128. 여인과 소년의 나들
　　이 / An outing
　　프랑스선교사 촬영

129. 장옷입은 조선 여인과 아이 / An outing
　　프랑스선교사 촬영

130. 엄마와 아기 / mamma
& baby

131. 발가벗은 아이 / A
naked child
손에 박을 들고 있음
이 이채롭다(독일여행
가 촬영).

132. 갈퀴질 하는 소년 / Raking
    프랑스선교사
    촬영

133. 엿장수 소년 / A
    wheat-gluten seller
    프랑스선교사 촬영

134. 남사당놀이 / Namsa dang
(A troupe of players)
프랑스선교사 촬영

135. 연날리기 / The kite flying
프랑스선교사 촬영

136. 연날리는 소년 / The kite flying
    프랑스선교사 촬영

제5장 기메박물관(Musée Guimet)의 루이 마랭(Louis Marin) 소장품

Ⅰ. 기메박물관(Musée Guimet)의 루이 마랭 (Louis Marin) 소장품, 한국에 관한 최초의 사진들

Pierre Cambon(Musée Guimet 학예연구실장)
번역－홍지영(전문통역사)

1888년 있었던 한국 여행을 소개하여 1892년 쓰여진 『세계 일주 (Tour du monde)』에서 샤를르 바라(Charles Varat)는 한국에 관한 사진 들을 토대로 제작한 석판화를 보여주고 있다.[1] 이 석판화 중의 일부 는 그가 한국 파견여행 중에 한국 정부와 프랑스인으로는 처음으로 조선 궁정에 파견되었던 외교관인 콜랭 드 플랑시(Collin de Plancy)의 도움을 받아 수집할 수 있었던 여러 수집품에 관한 것이다. 이 수집 품들은 파리에 위치한 기메박물관(Musée Guimet)이 소장하고 있는 한국 관련 소장품 중 가장 오래된 것이다. 또 다른 석판화들에는 바 라(Varat)가 서울과 부산까지 한국을 여행하면서 보았던 한국의 풍 경과 파견 여행 중 있었던 여러 만남들이 나타나 있다. 즉 제물포항 의 풍경, 서울의 유적들, 배를 타고 건너는 장면, 대구 도착, 부산의 도로를 통해 지나친 여러 마을들이 나타나 있다.

바라(Varat)가 한국에서 가져왔던 여러 수집품들은 1891년부터 기 메 박물관(Musée Guimet)에 기증되어 오늘날 전시실에서 찾아볼 수

---

1) 샤를르 바라(Charles Varat), 『세계 일주((Tour du monde)』의 「한국 여행 (Voyage En Corée)」, 1892, Paris ; 1994년 칼라쉬(Kalash) 출판사에 의해 프랑시스 마쿠엥(Francis Macouin)의 글로 재발간 되었다.

▪ 먼 나라 꼬레(Corée)

있는 반면, 사진들은 그렇치 못하다. 아마도 민속학자였던 바라
(Varat)가 그가 사망한 해까지도 아셰트(Hachette) 출판사에서 한국에
관한 책의 결정판 편집을 위해 일했기 때문이라고 볼 수 있다. 이
책에서 그는 그의 파견 임무, 한국과 한민족, 그들의 풍습과 관습 등
에 대해 정확히 묘사하고자 했다. 사진은 그에게 있어 자료적 가치
를 지니고 있었고, 그가 책에서 기술하는 것을 잘 이해할 수 있도록
하는 역할을 했다. 이 사진들은 그가 작업을 하는 중에 파괴되었거
나 여러 자료보관시설에서 분실되었을 것으로 보인다.

기메 박물관(Musée Guimet)에서 찾아볼 수 있는 한국에 관한 사진
소장품들은 주로 인류학자이자 수차례 장관직을 역임했던 루이 마
랭(Louis Marin)의 수집품에서 나온 것이다. 마랭(Marin)은 1962년 박
물관측에 8폭으로 된 김홍도의 서명이 들어 있는 병풍을 기증한 바
있다. 김홍도는 이 병풍에서 계절과 풍속에 관한 주제를 그림으로
묘사하고 있다. 50여개의 사진들은 마랭(Marin)이 파리에서 블라디
보스톡까지의 유라시아 횡단을 마치고 1901년 겨울 서울에서 머무
는 동안 찍었던 사진들이다. 이중의 몇몇 사진들은 같이 여행을 했
었던 조르쥬 뒤크로(George Ducrocq)가 발간한 『가난하고 온화한 한
국(Pauvre et douce Corée)』의 내용을 재현하는 데 사용되었다.2) 전문
가의 작품사진이라기 보다는 순간적이거나 보도적인 면에 훨씬 비
중을 많이 둔 아마추어적인 이 사진들은 마랭(Marin)이 서울에 15일
정도 밖에 머물지 못한 관계로 서울과 그 부근 지역을 주로 다룬 사
진들이었다. 즉 서울의 거리, 상점들, 순간포착 사진, 렌즈로 다가오

---

2) 조르쥬 뒤크로(George Ducrocq), 『가난하고 온화한 한국(Pauvre et douce
   Corée)』, 1904, Paris ; 1993, 쥘마(Zulma) 출판사에 의해 쟝-노엘 쥐테
   (Jean-Noel Juttet)와 프레데릭 블레스텍스(Frederic Boulesteix)의 글로 재
   발간 되었다.

는 행인의 스냅사진, 길가에서 우연히 마주치게 된 결혼식, 당시의 관리들, 경복궁 주변, 전통지역, 남산에서 내려다 본 명동성당 전경 등등 …

이 사진들은 유적이나 아름다운 전경들에 대해 신경을 쓰거나 지방색이나 효과를 추구한 사진이 아니었다. 이러한 효과들을 추구하기보다는 서울의 분위기를 전달하고자 했는데, 서울에 대해 그 당시 피에르 로티(Pierre Loti)는 서울의 모습과 분위기에 대해 그다지 나쁜 평가를 내리지 않았다.3) 한편 마랭(Marin)은 바라(Varat)가 그전에 그랬던 것처럼 서울의 매력에 매혹되었다. 마랭(Marin)은 1904년 「글로벌 트로터(Global trotter)」와의 인터뷰에서 한국의 발견에 대해 이야기 했었다.4) 마랭(Marin)이 서울 이외의 지역에서 촬영한 사진들도 서울에서 그리 멀리 떨어진 곳이 아니었고, 북한산이나 그 근처의 사찰을 대상으로 한 것이었다. 이 사진들도 다른 사진들과 별 차이는 없었고, 이국적인 것이나 멋있는 전경들을 추구하는 사진들이 아니었다.

마랭(Marin)이 방한 중에 찍은 사진은 223점으로 그 수가 놀라웠으며, 이것은 단순함(Simple)과 자연스러움을 강조한 현대적 접근법을 잘 입증해 주는 것이다. 마랭(Marin)은 이 사진들에서 있는 그대로의 서울의 분위기를 보여주고자 했다. 그렇지만 이 마랭(Marin)의 사진 수집품의 중요한 부분인 원판은 기메박물관(Musée Guimet)에 소장되어 있지 않다. 마랭(Marin)은 이 원판들을 쏘시에테 드 제오그라피(Société de Géographie)에 기증했고,5) 최근에 이 원판들은 프랑스

---

3) 피에르 로티(Pierre Loti), 『마담 프륀느의 세 번째 청춘(La troisieme jeunesses de Madame Prune)』, 1905, Paris.
4) 이 인터뷰에서 마랭(Marn)은 '1902년 12월'을 언급했다.
5) 루이 마랭(Louis Marin)의 수집품에 대한 기메박물관(Musée Guimet)의

▪ 먼 나라 꼬레(Corée)

국립 도서관(Bibliotheque Nationale de France)에 편입되어 지금 분류
작업 중에 있다.

현재 기메박물관(Musée Guimet)에 보관되어 있는 마랭(Marin)의 주
요 수집품은 그가 구입한 것으로 보이는 것으로, 샤를르 알레베크
(Charles Alévêque)가 발간한 일련의 번호가 매겨진 48개의 우편엽서
시리즈이다. 이 엽서에는 프랑스어로 설명이 되어 있으며, 한글로
"알레베크, 신법교사, 서울, 대한(Alévêque, professeur a la nouvelle ecole
de droit, Séoul, Empire de Corée[Aleveque Shinpop kyosa, Seoul, Taehan]"
이라는 문구가 있다. 이 엽서 시리즈에는 초상(初喪)·전쟁 장면·
사회적 유형·서울의 대표적 건물들의 전경이나 그 당시 일어났던
사건에 대한 장면(명성황후의 장례식) 등 폭넓은 주제가 담겨져 있
다. 다음은 엽서 시리즈 내용의 목록이다.

1. Y Yong 각하−공식의상을 입고 있는 재정부 장관, 서울 한국−
   일본인들이 전쟁 포로로 만들다(1904년 2월)
2. 궁궐의 무희
3. 황후가 시해된 후 불에 태워진 장소에 세워진 작은 추모비 (1895
   년 10월)
4. 프로포즈를 받아들인다는 표시로 젊은 도시 청년에게 포도주 한
   잔을 건네는 여인
5. 서울 근교에 위치한 사찰 옆으로 소풍온 화류계 여인들
6. 염불 중인 승려−1392년부터 승려들은 서울에 출입하는 것이 금
   지되어 있음
7. 위험시에 왕이 대피하기 위해 서울에서 20㎞ 떨어진 곳에 위치해

출판물인 『아시아의 국경(Frontiere d'Asie)』(Jerome Ghesquiere, Kenneth
White, 1993, Paris)은 이 2가지 소장품에서 나온 작품을 소개하고 있다.

있는 고도 1,000m의 북한산 사원

8. 무밭에서 휴식을 취하고 있는 한국 농부들

9. 물 길러 가는 한국인들(제물포에서 촬영)

10. 궁을 지나기 위해 가마에서 내리는 한국 여인

11. 목욕가기 위해 황후가 옷을 갈아 입는 작은 정자

12. 빨래하는 한국 여인들

13. 황후의 장례식 풍경 ─ 상복을 입은 모든 대신들이 추도 의식을 위해 절로 들어가고 있음

14. 황후의 장례식 풍경(1897년 11월) ─ 제등 행렬

15. 황후의 장례식 풍경(1897년 11월)

16. 황후의 장례식 풍경(1897년 11월) ─ 연단에서 왕을 기다리는 고위 성직자

17. 황후의 장례식을 위해 마련된 임시 정자 ─ 궁의 여인들(1987년 11월)

18. 프랑스어를 배우는 왕세자들과 프랑스어 교사인 샤를르 알레베끄

19. 황후의 장례식 풍경

20. 서민들의 집과 서울의 한 유럽인의 하인

21. 실내복을 입고 있는 한국 여인

22. 황후의 관

23. 황제의 독살을 음모했다는 이유로 교수형에 처해진 장군 ─ 사람들이 그를 끌고 다니다 종로에 도착해서 그의 배를 갈라 아직도 따뜻한 간을 먹는다

24. 고문당한 음모자 ─ 설 수가 없는 음모자의 목을 치기 위해 채롱으로 받치고 있다

25. 상복을 입은 한국인 ─ 부친상을 당했을 경우 3년 동안 상복을 지녀야 한다

26. 궁궐의 여인들 ─ 예식 의상

27. 상인 연합의 항아리 행상인

28. 한국의 가수와 음악가들

이 목록을 보면 때로는 아주 자세하게 사진을 찍은 장소를 알 수 있고, 몇몇 경우에는 날짜도 알 수 있다. 이 날짜들은 1895년(또는 1897년)에서 1904년, 즉 일본에 의해 명성황후가 서울 한복판에 있는 궁궐에서 살해된 때(또는 그 장례식이 일어난 해)에서 러일전쟁이 일어난 해인 1905년 바로 직전까지 분포되어 있다. 1904년 3월 5일 「일뤼스트라시옹(L'Illustration)」지에는 "지난 2월 9일부터 일본 장관은 조선국왕에게 이제부터는 일본이 조선의 행정을 담당한다고 선포했으며, 일본은 한반도에서 자신의 나라에 있는 것처럼 행동하고 있다. 예를 들면 일본은 러시아 장관에게 서울을 떠날 것을 강요했고, 일본 군대를 배치하기 시작했다"라고 묘사했다. 상황이 심각했고 이 우편엽서 시리즈는 1895년의 명성황후 시해 사건을 되풀이해서 다루었다.

이 엽서 시리즈는 당시에 일어났던 일들을 반영하면서 동시에 앵글로색슨 국가와는 반대로 러시아 정부와 함께 한국 정부를 지지하는 프랑스 정부의 입장을 반영하였다. 그러므로 이 엽서 시리즈는 조선을 지지하는 움직임의 일환으로 이루어졌다. 이 자료에서 나온 한국의 이미지는 은둔적인 왕국의 이미지라고 할 수 있다. 즉 아직도 농촌 세계가 지배적인, 특히 중국문화의 세력 아래 있지만 동시에 정체성이 강한 그런 국가의 이미지였다. 이 엽서 시리즈에는 그 당시 처음 생겨난 서구식 건물에 대한 사진도 없으며, 1896년 완성된 명동성당에 대한 어떤 사진도 없다. 그러나 관록이 붙은 모습으로 한국의 엘리트 계층에 불어(佛語)를 가르치는 샤를르 알레베끄(Charles Aleveque)의 사진은 찾아볼 수 있다. 그의 교실 흑판에는 '프랑스 학교 만세(Vive l'école française)'라는 문구가 멋진 글씨체로 쓰여져 있다.

엽서 시리즈에 사용된 접근방법은 긍정적이면서도 개방적이며 꽤 다양한 모습들이 나타나고 있다. 그러나 사진의 선택에 있어서는 너무나 한국적인 면, 적어도 외국인들의 눈에 한국적인 면을 강조한 점이 있다. 그래서 한국의 전통·의상·사회관습 등을 강조했고, 48장의 엽서중 유일한 그림자는 명성황후의 시해사건과 조정의 혼란에 대한 언급이라고 볼 수 있다. 그러나 이 엽서 목록에서 나온 비전은 분명히 조선과 그 정체성, 조선의 독립에 유리한 것이었다. 한편 스튜디오 촬영사진, 공인의 초상사진, 주민들과 그 생활환경을 보여 주는 외부 촬영사진, 이 모든 것들은 같은 스튜디오에서 나온 작품이며 사진가의 작품이라고 볼 수 있지 않을까 하는 질문이 생긴다. 이 엽서 시리즈에 사용된 사진들은 알레베끄(M. Ch. Aleveque)가 직접 찍은 사진들인가 아니면 그는 단순히 엽서를 발행하는 일만 했을까? 제일 첫 번째 엽서의 설명에는 1904년으로 표기가 되어 있는데, 이것은 모든 사진들이 이 연도에 나왔다는 소리일까? 사실상 그런 것 같지는 않다.

1900년 모리스 쿠랑(Maurice Courant)이 파리만국박람회 당시 발표한 저서 『서울의 추억(Souvenirs de Séoul)』의 많은 부분에 이 엽서 시리즈가 소개되었기 때문이다. 이 파리만국박람회에서는 처음이자 마지막으로 조선이 독자적으로 에펠탑 근처에 있는 샹 드 마르스(Champs de Mars) 광장에 세워진 한국관에 소개되었다. 이 모리스 쿠랑(Maurice Courant)이 발표한 『서울의 추억(Souvenirs de Séoul)』에서는 나중에 우편엽서로 제작된 모든 사진들을 찾아 볼 수 있다.6) 단, 1897년의 명성황후 추모식에 관한 사진만 제외하고 말이다. 여기에서도 같은 설명구를 찾아볼 수 있는데, 어떤 경우에는 "대원군의 묘는 용산에 위치해 있다"와 같은 식으로 더 자세하게 나와 있다. 이 작품에서도 독립된 조선을 위한 비젼이 담겨져 있다. 이 작품에서는 또한 조선 정부의 1900년 박람회의 한국대표사절로서 알레베끄(M. Ch. Aleveque)의 초상도 찾아볼 수 있는데, 재한 프랑스의 대리대사(代理大使)이자 파리박람회의 조선 전시회 프로모터로서 콜랭 드 플랑시(Collin de Plancy)의 초상도 찾아볼 수 있다.

---

6) 모리스 쿠랑(Maurice Courant), 『서울의 추억(Souvenirs de Séoul)』, 1900, Paris.

후에 우편엽서에 사용이 되기도 했고 모리스 쿠랑(Maurice Courant)이 사용했던 사진들은 일련의 인화지 사진들에도 나타나 있는데, 여기에는 날짜나 기원들이 설명되어 있지 않다. 이 일련의 인화지 사진들은 마랭(Marin)이 기증해서 기메박물관(Musée Guimet)이 현재 보관하고 있는 주요 소장품을 이루고 있다(322건의 자료 중 140건). 이 사진들은 우편엽서 시리즈와도 일치할 뿐 아니라 그 우편엽서에 나와 있는 범위를 훨씬 넘어 서는데, 같은 건물이나 유적도 여러 각도에서 촬영하고 있다. 이 사진들 중 몇 가지는 모리스 쿠랑(Maurice Courant)이 그의 저서에 사용하고 있고, 대부분은 콜랭 드 플랑시(Collin de Plancy)의 뒤를 이어온 이폴리트 프랑뎅(Hippolyte Frandin)의 한국 체류와 관련된 칼메트(Calmettes)의 소장품에서 찾아볼 수 있다.

이 사진들 전체의 통일성을 마랭(Marin)의 수집품과 비교해 볼 때, 그 기법의 유사함 등으로 미루어 이 사진들은 한 사람의 사진작가가 찍은 것이든지 아니면 같은 작업실에서 나온 것으로 보인다. 즉 야외에서 촬영했을 때 동일한 기법을 찾을 수 있고, 스튜디오 촬영 사진들도 기묘하게 같은 것을 발견할 수 있다. 스튜디오(실내) 촬영 사진에서 2가지 특징을 찾아볼 수 있다. 첫 번째는 작품에서 작가가 한국 생활에 대한 자신만의 비젼을 내놓고자 하는 것과 공식적인 요구와의 조화가 엿보인다. 두 번째는 민중 생활의 재구성, 즉 교실 풍경이나 거리의 거지를 공간 개념과 어느 정도의 시를 이용해서 연출한 것과 상류사회와 정면으로 부딪쳐 연출한 기생의 사진들이 공존하는 것들이 바로 그것이다.

그러나 이렇게 서로 대립되는 면이 있음에도 어떤 연결고리가 존재하는 것이 사실이다. 그것은 바로 촬영시 사용되는 같은 카펫, 같은 커텐, 생활을 암시하게 하기 위한 같은 효과, 짚단, 아무렇게나 던져진 자갈 등 한국적인 색깔을 내기 위해 같은 소품과 요소들을 사용하기 때문이다. 마랭(Marin)의 수집품 사진들은 동북아시아의 위기가 최고조에 달했을 때 프랑스어로 출간된 여러 한국관계 서적들에 실렸다. 예를 들면, 엥거스 해밀턴(Angus Hamilton)의 『조선에서(En Corée)』와 이폴리트 프랑뎅(Hippolyte Frandin)의 『조선에서(En Corée)』 등이 바로 그러한 작품들이다. 또한 이 사진들은 1904년 「글로벌 트로터(Globe trotter)」가 마랭(Marin)의 인터뷰 기사를 실으면서 같이 실리기도 했다. 이 인터뷰 기사에서 마랭(Marin)은 한국의 여성 복장과 사마르칸트(Samarcande) 여성들의 베일 복장을 비교하기도 했다.

이 사진들 중의 하나를 언급하면서 마랭(Marin)은 결론으로 보이는 한국에 대한 비전을 덧붙이기도 했다. "한국인들은 독창적인 민족이다. 또한 무척 호감이 가는 민족이다. 특히 그들은 프랑스인들이 한국에서 계속해서 좋은 위치를 차지하고 있기 때문에 프랑스인들에게 호감을 가지고 있다. 법무부장관의 자문위원이기도 한 법률학교의 교장은 프랑스인이며, 이외에도 농업학교의 교장, 육군성의 자문위원, 광업청장과 그의 보조관, 철도청장과 주요 기술자, 재정부의 자문위원, 우체국장 등이 프랑스 사람이다"라고 이야기 했다.

마랭(Marin)이 소유한 이 사진들은 1904년 뉴욕에서 발간된 언더우드(C.H. Underwood)의 저서인 『상투의 나라(Fifteen years among the top-knots or Life in Korea)』나 같은 해 런던에서 출간된 해치(E.F.G. Hatch)의 저서인 『극동의 인상(Far eastern impressions)』에도 실려 있다. 여기에도 그 출처가 기록되어 있지는 않지만, 이 소장품에서 나온 사진들은 출판업자들 역시 사용했던 여러 출처의 사진들과 명백히 구분된다. 간혹 같은 사진이 2가지 다른 책에서 약간 다른 식으로 설명되기도 한다. 예를 들어 이폴리트 프랑뎅(Hippolyte Frandin)에게 '한국의 큰 탑(La grande pagode coréenne)'이라고 설명되어 있는 것이 언더우드(L.H. Underwood)의 저서에서는 '남한산성 정상에 있는 군사용 건물(House used by Missionnaries on top of Namhan)'로 소개되고 있다.

마랭(Marin)이 수집했던 백 여 가지의 사진들이 증명하듯이 한국에 관한 첫 번째 사진들은 같은 작가, 같은 작업실에서 나온 것일 가능성이 아주 높은 것 같다. 여러 종류의 사진은 나름대로 촬영하는데 있어서 큰 특징을 가지고 있다. 개인적으로나 그룹으로 찍은 초상인물 사진의 경우 19세기의 전형적인 사진 형태를 따르고 있다. 그러나 그 인물 사진을 찍은 상황은 훨씬 까다로운 것이었고, 그 한국인의 풍습에 대해서도 잘 알고 있어야 된다는 것을 전제로 하는 것이다. 풍경사진은 이에 반해 조용하고 평온한 상태에 있고 멀리서 촬영을 한다. 반면 초상이 아닌 인물사진은 조선시대의 색깔을 준다.

그러나 거리 장면을 찍는데 있어서는 또 다른 복잡성이 따른다. 거리 장면에서는 활기가 뒤따르고 현실성에 대한 것을 추구해야 하며, 자연스러움과 간결성을 추구하게 된다. 아무리 자연스럽게 찍었다고 해도 거리를 활보하는 행인들과 카메라 앞을 무심하게 지나치는 행인들로 인해 생기는 문제 등 여러 문제점들이 발생할 수 있다. 주로 중국의 영향을 받은 건물을 담은 이 사진들은 과거에 집착하고 있는 오래된 문명을 지닌 국가를 연상하게 하고 있다. 그러나 여기에서는 또한 아주 미묘한 향수의 매력이 풍겨 나오기도 한다. 또한 간결함과 고요함이 한국의 그 당시 정세와 아주 강한 대비를 이루고 있기도 하다. 조선의 상황을 소개하고 있는 이 사진들은 한국과 또 한국민에 대한 진실스러운 호감을 나타내고 있다.[7] 또한 이

---

7) 여기에서도 바라(Varat)의 수집 사진에서와 같은 주제의 사진이 대부분이다. 즉 서울의 전경, 서울에 있는 유적·건물·거리·궁궐, 스튜

사진들은 동시에 필름의 감도, 피사체의 개인적 선택법이나 편집선택 방법을 보여주면서 인화나 조명의 면에 있어서 완벽한 기술을 나타내고 있다.[8]

이 사진들 중 여러 개가 1980년대말 한국에서 외국인 소장품이나 개인 소장품, 공공 소장품 등을 토대로 다양한 작품들을 편집할 때 발표되었다.[9] 이때 당시 접근법은 주제별로 행해지는 경우가 많았고, 연대나 작가별로는 행해지지 않았다. 그러나 이 사진들의 출처나 시대를 밝히는 것이 좋았을 듯 싶은데, 이것에 대한 가장 좋은 증거는 이 소장품들이 후일에 발간된 조선시대와 관련한 여러 시리즈의 우편엽서에 다시 편집상태로든지 인용형태로든지 사용되었다는 것이다. 또한 마랭(Marin)의 사진이 약간 희미한 프랑스어로 설명이 된 엽서 시리즈, 작은 사이즈의 흑백사진이 있는 중국어로 설명이 된 엽서 시리즈, 컬러로 된 시리즈와 '즐거운 크리스마스(Happy Christmas)'나 '즐거운 크리스마스를 위한 최선의 소망(Best wishes for happy christmas)' 등과 같은 문구가 들어간 카드 종류 등 이 모든 우편엽서 시리즈를 프랑스로 가지고 왔다는 것도 좋은 증거가 된다.[10] 그러나

디오에서 촬영한 서민 생활의 모습이나 농촌 풍경을 담은 사진이나 인물초상사진 등과 같은 것들을 찾아볼 수 있다. 또한 그림에 더 가까운 강·바위 등 자연에 관한 사진도 찾아볼 수 있다.

8) 이점을 잘 이해하려면 이 사진들을 쟝 드 팡주(Jean de Pange)가 『한국에서(En Corée)』(1904, Paris)에 사용한 사진과 어니스트 르루(Ernest Leroux)가 『한국과 그 이웃들(Korea and her neighbours)』(1905, Londres)에서 사용한 사진과 비교만 해도 알 것이다. 이 사진들은 비록 피사물이 일치하더라도 서로 다르다.

9) 서문당에서 조선시대에 대해 1986~1987년 2차례에 걸쳐 발간한 시리즈 참조.

10) 모두 82장의 우편엽서이다. 마랭(Marin)이 첫 번째 가지고 온 엽서 시리즈는 25장의 엽서를 포함하고 있으며, 두 번째 시리즈에는 13장, 세 번째 시리즈에는 6장, 네 번째 시리즈에는 29장, 다섯 번째 시리즈에

한국이 일본의 식민통치아래 들어가자마자 우편엽서와 카드의 그림에는 많은 변화가 생겼다. 하킨(Joseph Hackin)이 1932년 한국 여행을 하고 난 후 기메박물관(Musée Guimet)에 가지고 온 우편엽서 시리즈가 이를 잘 보여준다.

1900년경 프랑스에서 발표된 사진들을 보면, 사적인 소장품뿐만 아니라 공공 소장품까지 합쳐서 한국에 관한 사진 수집품의 체계적인 목록을 작성해야 할 가치가 있음을 알 수 있다. 물론 뮈제드롬(Musée de l'Homme)이 하킨(Hackin)이 기증한 몇 개의 1932년 사진을 보유하고 있기는 하지만, 가장 많고 다양한 소장품은 프랑스 국립도서관(Bibliotheque Nationale de France)과 쏘시에테 데 미씨옹 에트랑제르(Société des Missions étrangères)나 알베르 칸(Albert Kahn) 재단에 있다. 또한 한불 관계가 처음에는 외교관이었던 콜랭 드 플랑시(Collin de Plancy)나 그 보좌관인 모리스 쿠랑(Maurice Courant)과 같은 사람의 개인적인 참여에 의해 특징지워 지고, 그 후에는 인원이 많지는 않지만 몽세네르 뮈텔(Monseigneur Muttel)과 같은 인물을 중심으로 해서 뭉쳐진 서울에 대한 프랑스 사회의 역동성에 의해 활발해진 관계로 프랑스 외교부에도 다양하고 많은 수집품이 존재한다.

이러한 목록을 작성해야 하는 목적은 사진을 주제의 틀에 가두어 두지 않고 사진 그대로를 보는 것과 사진의 역사나 변천을 다시 거

는 9장의 엽서가 들어 있다. 그런데 이상하게도 이중 첫 번째 시리즈 중의 한 엽서에 프랑스어로 '결혼식날의 신랑·신부'라고 설명되어 있는 엽서가 이후 앵거스 해밀턴(Angus Hamilton)의 저서에는 '왕세자와 세자빈'으로 바뀌어 소개되고 있고, 모리스 쿠랑(Maurice Courant)의 저서에는 '궁궐의 활쏘는 사람들'로 소개되었던 사진은 해밀턴(Angus Hamilton)의 저서에서 '부대에서 활쏘기 연습을 하고 있는 군인들'로 소개되고 있다.

▪ 먼 나라 꼬레(Corée)

슬러 올라가는 데 있다. 즉 사진을 단지 피사체의 관점에서 뿐만 아니라 사진을 촬영한 사람의 관점에서 접근하고자 하는 것이다. 사진이란 결코 중성적인 자료가 아니며, 사진에 소개된 나라를 드러내는 것뿐만 아니라 작가가 그 나라에 던지는 시선을 드러나게 해 준다. 그러므로 사진이란 사진을 찍는 바로 그 사람을 드러내 주는 것인데, 이 사진작가란 때로는 일본을 주관적인 입장으로 소개했던 베아토(Beato) 같이 예술가로 나타나기도 하며, 때로는 그 반대로 단순한 아마추어나 전문가로 나타난다. 두 번째 경우에도 그 접근 방식이 사물이나 시대, 사고 방식에 대한 비전을 알 수 있게 해준다.

마랭(Marin)의 소장품에 속하는 일련의 사진들은 한국의 생활을 재창조하려고 애쓰고 있고, 그 시적인 분위기가 특징이라 할 수 있다. 그 사진들은 주제나 작품면에서 화가인 기산 김중건의 작품들을 연상시킨다. 그는 부산 출신으로 외국인들을 대상으로 한국인들의 삶의 모습을 전문으로 그리던 화가였다. 마랭(Marin)이 소지하고 있는 사진에서는 기산의 작품에서와 같은 기법을 느낄 수 있는데, 즉 사라져 가고 있는 한국을 고정시키려는 시도가 바로 그것이다. 이 사진들은 하나의 그림과 같이 여겨지는데, 그 얼굴의 표정들과 세세하게 구성되어 있는 데코레이션 등이 그 특징이라 할 수 있다. 수업 광경·연날리기·거리의 아이들 등 현실적인 면들로 채워진 장면들이 가히 걸작이라 할 수 있을 것이다.

그러나 여기에서 중요한 것은 기록을 통해서, 즉 자료를 비교하고 연대를 찾음으로써 이 작품을 정확히 알 수 있어야 한다는 것이다.11) 이것은 역사적 관점뿐만 아니라 사진 작품면에서도 중요하다.

---

11) 서울의 외국인 사회의 역사와 사진술의 도입에 대해서는 다음을 참조. 이상하게도 우편엽서 시리즈 중의 한 엽서에 '즐거운 성탄(Happy Christmas)'이라는 문구와 함께 나온 고종과 그의 아들의 사진은 1892년 바라(Varat)에 의해 발표된 사진을 토대로 한 석판화를 떠올린다.

즉 마랭(Marin)이 소지하고 있던 사진의 독창성을 파악하고 그 사진들을 당시 발간된 일련의 작품들과 비교해 볼 수 있게 해 주는 것이다. 점차로 같은 인물과 같은 주제를 대상으로 비슷한 작품들이 많이 생겨나게 되는데, 이러한 상황에서 원 작품에 대한 역사를 자세히 파악하는 것은 원 작품에게 있어서 아주 중요한 것이라고 볼 수 있다. 「일뤼스트라시옹(l'Illustration)」지가 1904년 3월 발표한 『언더우드와 언더우드(Underwood & Underwood)』에서 처음 실렸던 사진들과 분위기가 다른 사진들이 나오게 된 것을 볼 때 그것을 잘 알 수 있다. 이러한 두 사진 사이의 대비는 그 이후 더욱 강렬하게 되고, 장면이 더욱 인위적이면서도 가공적인 것이 되어 버리고, 이로써 원 사진에서 느낄 수 있었던 매력은 없어지게 되는 것이다. 물론 사진 세계에도 이제 저작권이 생기는 등 많은 변화가 생겼지만, 이제 사진은 또 다른 세계를 맞이하고 있다. 즉 모든 시적 요소, 친밀감이 없어진 더욱 얼어붙은 세계가 바로 그것이다.

1894년 「르 몽드 일뤼스트레(Le Monde Illustre)」지에 나타난 태형(笞刑) 장면을 그린 석판화는 서문당에서 1987년 조선시대에 대해 발간한 사진 시리즈에 나와 있는 사진과 아주 비슷하다.

Premières Photographies sur la Corée, le Fonds Louis Marin au Musée Guimet

Pierre Cambon(Musée Guimet)

Dans le "Tour du monde" de 1892, où il évoque son voyage en Corée en 1888(1), Charles Varat illustre son récit de lithographies d'après photographie : les unes montrent les objets qu'il avait rassemblés au cours de sa mission grace à l'aide du gouvernement coréen et de Collin de Plancy, premier représentant français à la cour de Seoul, et qui forment le fonds le plus ancien des collections coréennes du musée Guimet à Paris; les autres évoquent les paysages de Corée qu'ils traversent de Seoul à Pusan, les rencontres qu'il fait au cours de ce périple : le port de Chemulpo, les monuments de Séoul, la traversée du bac, l'arrivée à Taegu, les villages traversés sur la route de Pusan. Si les collections rapportées par Varat furent bien versées au musée Guimet dès 1891 et s'y trouvent aujourd'hui exposées dans les salles, en revanche les photographies n'y sont pas. Sans doute parce que Varat qui se veut ethnographe travaillait l'année même de sa mort à la rédaction d'un ouvrage sur la péninsule de Corée qu'il veut définitif pour la maison d'édition Hachette, ouvrage où il entend faire le point sur sa mission, le pays et sa population, ses coutumes et ses moeurs. La photographie a pour lui valeur documentaire et doit servir d'illustration

297

à sa démonstration. Peut-être ce fonds a-t-il été détruit ou bien s'est-il perdu dans quelques dépots d'archives, publiques ou bien privés.

Au musée Guimet, le fonds photographique concernant la Corée provient essentiellement de la collection Louis Marin, anthropologue et plusieurs fois ministre, à qui est due la donation faite au musée en 1962 du superbe paravent à huit panneaux signé de Kim Hong-do, brodant sur le thème des saisons et des scènes de genre : une cinquantaine de tirages correspond aux photographies qu'il prit au cours de son séjour à Séoul l'hiver 1901 à l'issue d'une course aventureuse à travers l'Eurasie qui l'avait mené de Paris jusqu'à Vladivostock. Certaines de ces photos servirent à illustrer l'ouvrage que devait publier son compagnon de route, George Ducrocq, "Pauvre et douce Corée"(2). Photo d'amateur qui tiennent beaucoup plus de l'instantané ou bien du reportage, que du cliché de spécialiste ou de professionnel, document brut, "cinéma vérité" où le photographe ne se préoccupe guère de voir son ombre s'étaler au premier plan du document, ces photographies concernent essentiellement Séoul et ses environs immédiats, puisque Marin ne séjourne dans la capitale coréenne qu'une quinzaine de jours : photo des rues de Séoul, boutiques ou bien canaux, photo prises au vol, instantané des passants que l'on voit marcher vers l'objectif, d'un mariage rencontré par hasard sur la route ou bien de fonctionnaires, abords du palais Kyongbok, quartiers traditionnels, cathédrale de Myongdong vue du haut de Namsan, ces photographies ne se préoccupent pas des monuments eux-mêmes ou bien du pittoresque, et ne recherchent pas l'effet ou la "couleur locale"; elles cherchent plutôt à rendre l'ambiance de la ville de Séoul pour laquelle Pierre Loti en son temps n'avait pas eu de mots assez durs pour en décrire la laideur et l'ennui (3), mais au charme de laquelle visiblement Marin semble avoir succombé, comme Varat avant lui. Il évoque ainsi dans une interview au "Globe trotter" l'année 1904 sa découverte de la Corée (4). Pourtant, ses excursions hors de Séoul ne finissent pas très loin puisqu'il s'agit le plus souvent de Pukhansan ou de temples bouddhistes des abords immédiats et là aussi le cliché est "banal" et ne cherche aucunement l'exotisme ou le spectaculaire. Le nombre des photographies prises par Marin au cours de son séjour apparaît important (223 documents) et fait preuve d'une approche curieusement moderne par sa simplicité et par son naturel, soulignant un regard et une perception qui sont le reflet des préoccupations de l'auteur, cherchant à présenter l'atmosphère de la ville telle qu'elle se présentait, comme si le photographe lui-même cherchait à s'effacer. L'essentiel cependant de ce fonds, les plaques stéréoscopiques originales, ne sont pas au musée Guimet; elles faisaient partie des collections de la Société de géographie à qui Marin l'avait légué(5). Elles ont été récemment versées à la Bibliothèque Nationale de France, où elles sont depuis en cours de classement et de catalogage.

L'essentiel des collections Marin au musée Guimet correspond en fait à des documents qu'il semble avoir acheté : la série des 48 cartes numérotées, éditées par Charles Alévêque, avec légende en français et mention en hangul, "Alévêque, professeur à la nouvelle école de droit, Séoul, Empire de Corée" (Alévêque Shinpop kyosa, Soul, Taehan). La série apparaît quelque peu éclectique, mêlant portrait, scène de genre, types sociaux, vues des monuments de Séoul ou scènes de l'actualité toute récente (obsèques de la reine Min) :

1. *Son Excellence Y Yong -Yk, Ministre des Finances en costume de gala. Séoul*

(Corée) - Les japonais viennent de le faire prisonnier de guerre (février 1904) -.

2. Danseuses du Palais de Séoul (Corée).

3. Petit monument commémoratif dans le vieux Palais élevé sur l'emplacement où l'impératrice de Corée fut brûlée, après avoir été assassinée (Octobre 1895).

4. Dame galante coréenne offrant une tasse de vin à un jeune citadin pour indiquer qu'elle accepte ses propositions.

5. Demi-mondaines coréennes en pique-nique près d'une bonzerie aux environs de Séoul.

6. Bonze coréen en prière - Depuis 1392, il est défendu aux bonzes d'entrer dans la capitale -.

7. Monastère du Pouk Hane à 20 km de Séoul où l'empereur de Corée se réfugie en cas de danger. Situé à environ mille mètres d'altitude.

8. Paysans coréens au repos dans un champ de navets.

9. Coréens allant puiser de l'eau (vue prise à Chemulpo).

10. Dame corénne ayant été obligée de sortir de sa chaise pour traverser le Vieux Palais. Séoul (Corée).

11. Petit pavillon où on déshabillait sa Majesté l'impératrice lorsqu'elle allait prendre son bain.

12. Femmes coréennes lavant leur linge dans le vieux Palais des mûriers.

13. Vue prise aux obsèques de sa Majesté l'impératrice - tous les ministres en costume de deuil entrent dans le temple pour faire des sacrifices.

14. Vue prise aux obsèques de sa Majesté l'impératrice de Corée (Novembre 1897) - porteuses de lanternes (il y en avait 5000) -.

15. Vue prise aux obsèques de sa Majesté l'impératrice de Corée (Novembre 1897) - Haut dignitaire et eunuques.

16. Vue prise aux obsèques de sa Majesté l'impératrice de Corée (Novembre 1897)

- sur l'estrade, haut dignitaires attendant sa majesté l'empereur.

17. *Pavillon provisoire construit pour l'empereur de Corée à l'occasion des obsèques de l'impératrice - Dames du Palais (Novembre 1897) -.*

18. *Princes coréens apprenant le français et leur professeur, M. Ch. Alévêque.*

19. *Vue prise aux obsèques de sa Majesté l'impératrice de Corée - Porteurs de sacrifices aux ancêtres -.*

20. *Maisons ordinaires des gens du peuple et le domestique d'un européen à Séoul (Corée).*

21. *Dame coréenne en costume d'intérieur.*

22. *Cercueil de sa Majesté l'impératrice de Corée.*

23. *Kim Ong-Niouck, grand maréchal de la noblesse, puis tombé en disgrace, fut accusé d'avoir voulu empoisonner l'empereur, fut pendu; on le traina dans les rues, arrivé sur la place de Thong-no, on lui ouvrit le ventre, et les assistants mangèrent le foi encore chaud.*

24. *Conspirateurs ayant été torturés, ne pouvant pas se tenir debout, on les emporte sur des hottes pour les décapiter.*

25. *Coréen en vêtement de deuil - Lors de la mort du Père, on le doit conserver pendant trois ans.*

26. *Dames du Palais - Costume de cérémonie -. Séoul (Corée).*

27. *Colporteurs de vases de la corporation dite des Poussangs. Séoul (Corée).*

28. *Chanteuses et musiciens coréens.*

29. *Maitre d'école coréen coiffé du bonnet de lettré. Séoul (Corée).*

30. *Enfants coréens jouant aux sapèques.*

31. *Une rue à Séoul (Corée).*

32. *Porte du vieux Palais (où la reine fut assassinnée en 1895). Séoul (Corée).*

33. *Costume d'ancien général coréen (chapeau en feutre orné d'une queue de cheval).*

34. *Agent de police coréen ayant conservé les chaussures des civils.*

35. *Musiciens et sorcière chassant les mauvais esprits du corps d'un malade. Séoul (Corée).*

36. *Femmes coréennes repassant le linge - Elles font mouvoir le rouleau avec leurs pieds et frappent l'objet avec leurs baguettes -.*

37. *Trône de sa majesté l'empereur de Corée (vieux Palais).*

38. *Grands mandarins s'exerçant au tir à l'arc dans le vieux Palais (dit) des mûriers.*

39. *Appartement où l'impératrice de Corée s'était réfugiée et où elle a été assassinnée en 1895. Séoul.*

40. *Borne kilométrique en Corée, caricature d'un vieux général qui avait commis un crime abominable.*

41. *Tombeau de Tal-Ouanne-koune, père du roi. Régent pendant la minorité de son fils.*

42. *Hameau coréen, halte devant une auberge.*

43. *Groupe de coréens attendant le passage de sa majesté l'empereur.*

44. *Cercueil de sa Majesté l'impératrice de Corée, montée sur la colline sacrée par 500 porteurs. Novembre 1897.*

45. *Mariage coréen à Séoul - La jeune mariée ne doit voir son mari qu'après le mariage.*

46. *Salle des portraits des Ancêtres. Vieux Palais. Séoul (Corée).*

47. *Salle du trône du vieux Palais. Séoul (Corée).*

48. *Le vieux Palais dit des mûriers construit pour le premier roi de la dynastie actuelle en 1392. Séoul (Corée).*

A reprendre cette liste, celle-ci donne la localisation des photos souvent de manière très précise; elle donne aussi quelques indications de dates. Celles-ci s'échelonnent de 1895 (ou 1897) jusqu'à 1904, soit de l''assassassinat de la reine Min sur ordre du gouverneur japonais, en plein centre de Séoul au cour de son palais (ou la date des obsèques), aux préludes de l'affrontement qui va opposer la Russie au Japon, l'année 1905. "*Dès le 9 février dernier,* écrit "L'Illustration", le 5 Mars 1904, *le ministre du Japon déclarait à l'empereur coréen que désormais le Japon se chargeait de l'administration de la Corée et, en effet, le Japon agissait dans la péninsule comme s'il y était chez lui : il obligeait le ministre de Russie à quitter Séoul; il commençait à inonder les côtes de ses troupes*". Le contexte est donc lourd et la série de cartes évoque de façon récurrente les obsèques de la reine en 1897. Elle s'inscrit dans un contexte militant en faveur de la Corée Choson, le choix cherchant à souligner l'exception coréenne, tout en témoignant de l'actualité immédiate, illustrant en même temps la position française qui comme Saint-Pétersbourg soutient le gouvernement de Séoul contre les japonais, à la différence du monde anglo-saxon. L'image de la Corée qui se dégage de cette sélection est celle d'un Royaume Ermite, un monde encore rural, un royaume traditionnel influencé surtout par la culture chinoise, mais qui a en même temps sa propre identité; la vision est celle d'un pays pacifique où rien n'est dit du soulèvement Tonghak, rien n'apparaît de la modernité sur fond d'influence japonaise, rien ne transpire de l'affrontement entre Chine et Japon de 1894; pas de vues des premiers batiments de type occidental qui apparaissent alors, aucune vue de la cathédrale de Myongdong achevée en 1896, mais en revanche une superbe photo qui montre Charles Alévêque enseignant le français à l'élite coréenne avec beaucoup de prestance, sur fond de tableau noir où l'on peut lire, calligraphiée d'une belle écriture, "Vive l'école française!". L'approche est positive, ouverte, passablement variée, mais le choix des photographies se fait selon une grille qui est délibérée, soulignant les différents aspects de la "coréanité", ou de ce qui apparaît comme tel aux yeux des étrangers, insistant sur la "tradition" coréenne, les traits vestimentaires et les rites sociaux, la seule ombre au tableau étant le rappel lancinant de l'assassinat de la reine, et les allusions faites aux troubles de la cour, symboles des menaces qui pèsent sur le pays. La vision est pourtant manifestement favorable au royaume de Corée, à son identité, à son indépendance. Des photos de studio, des portraits d'officiels et des vues d'extérieurs qui montrent la population et le cadre de vie, l'ensemble renvoie-t-il au même fonds d'atelier et au même photographe?, la question peut se poser. Ont-elles été prises par Alévêque lui-même ou s'est-il contenté de les éditer simplement? La légende de la toute première carte mentionne 1904. Est-ce à dire pour autant que les photographies datent de cette année-là ? En fait non, puisqu'on les retrouve déjà éditées en très grande partie (22 sur 48) dans l'ouvrage que Maurice Courant publie en 1900, "Souvenirs de Séoul", à l'occasion de l'Exposition Universelle à Paris où pour la première fois - mais aussi la dernière - le Royaume de Corée paraît représenté en toute indépendance par un pavillon coréen érigé sur le Champs de Mars près de la tour Eiffel(6). Dans cette publication, la série des photos reprises en cartes postales sont toutes déjà là - mis à part le reportage sur les cérémonies de 1897 en l'honneur de la reine. On y trouve presque les mêmes légendes, parfois même plus précises (le tombeau de Taewongun est situé à Yongsan), et là aussi l'optique parait la même, un plaidoyer en faveur de la Corée libre et indépendante. On trouve d'ailleurs dans le même ouvrage également le portrait d'Alévêque, "délégué du gouvernement impérial de Corée à l'exposition de 1900", à côté de celui de Collin de Plancy, "chargé d'affaire de France à Séoul, promoteur de l'exposition coréenne à Paris".

Les photographies dont sont tirées les cartes postales et qu'avait utilisé Maurice Courant se retrouvent par ailleurs dans la série des clichés sur papier albuminé, sans date ni origine, qui constitue en fait la majeure partie du fonds rapporté par Marin et conservé aujourd'hui au musée Guimet (140 photo sur 322 documents). Cette série recoupe en partie la collection des cartes postales; elle en déborde aussi très largement, avec parfois plusieurs vues du même monument sous des angles différents. Un certain nombre de ces photographies est utilisé par Maurice Courant dans sa publication et on en retrouve un grand nombre dans le fonds Jean Calmettes qui renvoie au séjour en Corée d'Hippolyte Frandin, successeur de Collin de Plancy à Séoul de 1892 à 1894. S'agit-il d'un seul et même photographe, ou d'un seul et même atelier, cela semble vraisemblable à voir la cohérence d'ensemble, la similitude de facture si l'on considère le fonds qu'a rassemblé Marin. On retrouve une approche identique dans la manière de prendre les extérieurs et les photos de studio apparaissent curieusement homogènes. Dans celles-ci, deux ensembles semblent se dégager : D'un côté, les compositions où le photographe cherche à présenter sa propre vision de la vie coréenne, de l'autre, les commandes officielles; d'un côté, la vie populaire reconstituée, la salle de classe ou les mendiants des rues, mis en scène avec une économie de moyen, un sens de l'espace, une poésie certaine; de l'autre, les photos de la bonne société ou alors des kisaeng, photo posées où le sujet est pris d'une manière frontale. Pourtant, entre les deux séries, des liens semblent exister puisqu'on retrouve les mêmes accessoires et les mêmes éléments censés donner la note coréenne - le même tapis, le même rideau qui tombe, le même fonds de tableau qui donne la profondeur, les mêmes effets pour suggérer la vie, le caillou jeté sur le sol de façon négligente ou bien l'amas de paille; on y retrouve aussi un éclairage très proche, le même soin apporté à la composition, même si la série des scènes dites populaires ou bien des types sociaux fait preuve de plus de liberté. Dans cette série de tirages sur papier albuminé, apparaît le fameux portrait, en habit d'apparat, de celle qui est donnée dans les cartes postales d'Alévêque, comme chez Maurice Courant, comme une dame de compagnie de la cour et que l'on voit publié quelquefois en Corée comme le portrait de la reine Min. Ce fonds en effet a été repris de façon dispersée dans plusieurs publications sur la Corée édité en français quand la crise d'Extrême-Orient semble à son paroxysme : Angus Hamilton, "En Corée", Paris, s.d., Librairie Félix Juven; Hippolyte Frandin, "En Corée", Paris, 1905, Librairie Delagrave; et c'est à lui aussi que fait appel le "Globe trotter" d'avril 1904 pour illustrer l'interview de Marin - interview où celui-ci rapproche le costume féminin en Corée de celui des femmes voilées de l'ancienne Samarcande. Commentant l'une des photographies, Marin ajoute d'ailleurs en conclusion, soulignant la vision qui pour lui semble s'en dégager :*"Le peuple coréen est extrêmement original. J'ajoute qu'il est également sympathique. Il l'est surtout pour nous Français, car nombre de nos nationaux occupaient, hier encore, de hautes situation dans l'empire. Le directeur de l'école de Droit, en même temps conseiller du ministère de la Justice était Français; Français également le directeur de l'école d'Agriculture, le conseiller du ministère de la Guerre, le directeur des arsenaux, le directeur des mines et ses deux adjoints, le directeur des chemins de fer et ses ingénieurs principaux, le conseiller du ministère des Finances, le sous-directeur des Douanes, le directeur des Postes."* On retrouve également certains de ces clichés dans l'ouvrage de L.H. Underwood, "Fifteen years among the top-knots or Life in Korea", publié à New-York, l'année 1904, ou encore dans celui de E.F.G. Hatch, "Far eastern impressions", édité la même année à Londres; là encore, si l'origine n'en est pas précisée, les photographies provenant de ce fonds se distinguent très nettement des clichés de provenance diverse qu'ont utilisé aussi les éditeurs. On retrouve d'ailleurs parfois la même photographie dans deux livres différents avec des légendes quelque peu éloignées : La "grande pagode coréenne" d'Hippolyte Frandin (op. cit., p. 175) devient ainsi chez L.H. Underwood, "House used by Missionnaries on top of Namhan" (op. cit., p. 98)...

Il semble donc bien y avoir eu un premier fonds photographique concernant la Corée correspondant à un seul et même atelier, à un seul et même photographe, dont témoignerait la centaine de tirages rapportée par Marin. Si les portraits de figures, isolées ou en groupe, vues de trois quart ou de façon frontale, renvoient au schéma habituel de la photographie au XIXème siècle, la mise en situation s'avère en revanche beaucoup plus périlleuse et suppose une connaissance profonde du pays et des moeurs, pour éviter toute fausse note ou bien tout contre-sens. Par le choix des modèles - avec ce coup de génie de faire jouer des enfants -, la sélection des scènes, l'usage de la lumière, le goût pour une mise en scène extrêmement dépouillée, l'auteur de ces photographies transforme l'anecdote en une véritable icône qui va bien au-delà du simple fait divers. Ses photographies frappent par leur côté étrangement silencieux, leur néo-réalisme, leur vérité humaine, et ce sens du tragique dans le jeux des regards face à la caméra. Si les scènes paraissent plus composées dès qu'il s'agit d'adultes, ou de vues extérieures, on retrouve pourtant cette même gravité, cette même noblesse dans le choix des sujets, le port des personnages, comme si chaque fois le photographe cherchait à souligner l'image à priori qu'il a de la Corée. Les paysages sont calmes et souvent apaisés, photographiés de loin, les personnages donnant l'échelle ou la note de couleur, un peu comme dans les peintures de la période Choson; mais dès qu'il s'agit de scènes de rue, on retrouve en revanche le même dynamisme, le même souci de réalisme, la même recherche de naturel et de simplicité - personnage en premier plan volontairement coupé, mise en scène plus nerveuse, souci apporté au cadrage, à la composition -, et ce même si la rue est prise de façon naturelle, sans souci d'artifice, avec la foule qui déambule à son rythme et vaque à ses occupations, les passants croisant la caméra sans même y prêter attention. Les vues sont amples, évoquant fréquemment des monuments d'inspiration chinoise, suggérant un pays de vieille civilisation, ancré dans le passé, mais dont se dégage un charme très réel, d'une subtile nostalgie - vision aristocratique et lointaine, rurale et paysanne, dont la simplicité et le calme tranquille contrastent encore plus violemment avec le contexte politique que connaît la Corée. Ces photographies qui présentent un véritable reportage sur la Corée Choson font preuve d'une sympathie visible pour le pays et pour ses habitants (7); elles font preuve en même temps d'une technique parfaite sur le plan du tirage ou bien de l'éclairage, illustrant une sensibilité, une approche personnelle dans le choix des sujets ou le choix des montages (8). Plusieurs de ces photos ont été publiées en Corée à la fin des années 1980 à l'occasion de compilations diverses, à partir de fonds étrangers, privés ou bien publiques, l'approche étant le plus souvent délibérément thématique et ne se préoccupant guère de la chronologie ou bien du photographe (9). Il serait intéressant toutefois de pouvoir préciser l'origine de ces photographies qui font figure presque de témoignage, et dénotent en même temps un talent très réel. La meilleure preuve en est d'ailleurs que ce fonds réapparait plus tard, réutilisé sous forme de montage, ou bien de citations, dans plusieurs séries de cartes postales éditées au temps de l'Empire de Corée, et dont Marin a rapporté toute une collection : série sous-titrée en français avec photo légèrement estompée; série éditée en chinois, avec photo noir et blanc de très petit format; série colorisée ou bien cartes de voeux, avec la mention "Happy christmas", ou bien "Best wishes for happy christmas" (10). Les illustrations en revanche apparaissent complètement différentes dès lors que la Corée bascule sous domination japonaise (en témoigne au musée Guimet la série des cartes postales rapportée par Joseph Hackin, de son voyage en 1932...).

A voir les photos publiées en France autour de 1900, Il vaudrait la peine en fait de pouvoir faire l'inventaire systématique des fonds photographiques concernant la Corée, tant à travers les archives privées qu'à travers les collections publiques : Si le musée de l'Homme possède quelques clichés Hackin datant de 1932, le fonds le plus riche devrait se trouver à la Bibliothèque Nationale de France, voire à la Société des Missions étrangères, à la Fondation Albert Kahn, mais aussi et d'abord au Ministère des Affaires étrangères puisque l'aventure franco-coréenne reste très marquée au départ par l'implication personnelle d'un diplomate comme Collin de Plancy ou de Maurice Courant, qui en avait été l'adjoint en 1891 - très marquée également par le dynamisme réel d'une communauté française à Séoul peu nombreuse mais soudée autour de quelques personnalités comme Monseigneur Muttel.

Le but serait de voir la photo pour elle-même, sans être prisonnier du cadre thématique ou "anthropologique" et d'en retracer l'histoire ou bien l'évolution; en quelque sorte d'aborder la photographie non pas simplement du point de vue du sujet, mais aussi du point de vue de celui qui a pris la photo. La photographie en effet n'est jamais un document neutre et apparaît révélatrice non seulement du pays présenté, mais aussi du regard que l'on porte sur lui; elle est donc révélatrice du photographe lui-même qui tantôt se révèle être un artiste au sens plein du terme, comme Beato par exemple avec la vision si personnelle qu'il a su présenter du Japon, tantôt au contraire un simple amateur, ou bien un spécialiste, dont l'approche toutefois reste symptomatique de sa vision des choses, de son époque et des mentalités.

La série des photographies de studio provenant du fonds Marin qui cherchent à recréer la vie de la Corée est en soi très particulière par l'atmosphère poétique qui sait s'en dégager. Elle fait songer par ses thèmes ou ses compositions à certaines peintures de Kisan, le peintre Kim Chung-gun qui serait originaire de Pusan et qui s'était fait une spécialité de peindre les usages de la vie coréenne à destination d'une clientèle étrangère; on y sent la même démarche, celle qui cherche à fixer une Corée en train de disparaître, et curieusement si l'économie est la même, la photographie pourtant a su aller plus loin. Elle fait figure de véritable tableau dont la présence est encore accentuée par le jeu des lumières, l'expressivité des visages, l'apparent naturel d'un décor composé dans le moindre détail : la leçon de classe, les jeux de cerf-volant ou les enfants des rues sont autant de chefs-d'œuvre qui frappent par leur côté souvent très réaliste, symbole d'un monde que le photographe ici a su synthétiser par delà l'anecdote.

Qui se cache derrière cette série ? il doit être possible de le préciser à travers les archives, en croisant la documentation et en cherchant des dates (11). Cela serait important sur le plan de l'Histoire, mais aussi et d'abord sur celui d'une œuvre photographique, dont on saisit clairement l'originalité et l'ampleur à rapprocher les photos rapportées par Marin de celles qui furent publiées à l'époque; peu à peu, en effet, se recontitue le fonds d'un atelier, des séries se dessinnent et les mêmes sujets ou les mêmes personnages se retrouvent souvent, parfois pris sous un angle légèrement différents. Cela serait d'autant plus nécessaire que l'ambiance changera par la suite avec les premiers clichés "Underwood & Underwood " que publie "l'Illustration" en Mars 1904. Les contrastes désormais sont beaucoup plus violents, les scènes artificielles et souvent maniérées, comme si le sujet était abordé dès lors de l'extérieur, sans cette sympathie, cette compréhension immédiate, ce sens de la note juste qui font le charme et la fraicheur des toutes premières photos. La page se tourne alors et si la photographie connaît le copyright, elle témoigne aussi d'un système différent - un monde plus glacé d'où semblent s'être échappés toute connivence, toute familiarité, et toute poésie.

▪ 먼 나라 꼬레(Corée)

Notes:

1. Charles Varat,"Voyage en Corée", in "Le Tour du Monde", Paris, 1892 (réédité en 1994 par les éditions Kalash, avec une présentation de Francis Macouin).

2. George Ducrocq, "Pauvre et douce Corée", Paris, 1904. (réédité en 1993 par les éditions Zulma, avec une présentation de Jean-Noël Juttet et Frédéric Boulesteix).

3. Pierre Loti, "La troisième jeunesses de Madame Prune", Paris, 1905.

4. Dans cette interview, Marin mentionne "Décembre 1902".

5. La publication du musée Guimet "Frontière d'Asie" sur le fonds Louis Marin (Jérome Ghesquière, Kenneth White, Paris, 1993) présente une sélection provenant de ces deux fonds.

6. Maurice Courant, "Souvenirs de Séoul", Paris, 1900.

7. On y retrouve toujours les mêmes vues, un peu comme chez Varat, panorama de Séoul, la ville, ses monuments, les rues et les palais, scènes de la vie populaire ou scènes de la campagne, à côté des portraits ou des photos de studio; on y trouve aussi des notations plus personnelle sur la nature, des effets de rochers, le calme d'une rivière, qui montre la photo alors très proche de la peinture.

8. Il suffit d'ailleurs pour s'en convaincre de les comparer aux photographies de Jean de Pange dans son livre, "En Corée", Paris, 1904, éd. Ernest Leroux, ainsi qu'à celles publiées par Isabella Bishop, "Korea and her neighbours", Londres, 1905 - les photos sont différentes même si les sujets très souvent se recoupent. A signaler, dans l'ouvrage

d' Emile Bourdaret, "En Corée", Paris, 1904, librairie Plon, la présence de trois photo avec la mention "cl. Louis".

9. Voir par exemple la série publiée par les éditions Somuntang, Séoul, 1986, 1987 (2 volumes sur la période Choson).

10. Soit 82 cartes postales; la première série rapportée par Marin compte 25 pièces; la deuxième, 13; la troisième, 6; la quatrième, 29; la cinquième, 9. Bizaremment, la légende en français qui apparaît sur l'une des cartes de la première série ("deux jeunes époux coréns le jour du mariage"), se transforme chez Angus Hamilton, op. cit., p. 120, pour devenir "le prince héritier et sa femme"; ce qui est donné d'ailleurs chez Maurice Courant comme "Tireurs à l'arc dans le vieux Palais des mûriers à Séoul", devient dans l'ouvrage d'Hamilton, p.272 : "A la caserne - soldats coréens s'exerçant au tir à l'arc".

11. Voir par exemple l'histoire de la communauté étrangère à Séoul et l'introduction de la photographie. Curieusement, la photo du roi Kojong et de son fils qui apparaît dans la série de cartes postales rapporté par Marin, intitulée "Happy christmas", rappelle de très près la lithographie d'après photographie publiée en 1892 par Varat (voir "Le Tour du Monde", op. cit., p. 300); quant à lithographie évoquant une scène de bastonnade, parue dans "Le Monde Illustré" de 1894, ("Les événements en Corée et en Extrême-Orient vus par les journalistes français", Séoul, 1986, p.136), elle apparaît très proche de la photographie reprise par les éditions Sonmuntang dans le volume sur la période Choson, Séoul, 1987, vol. 1, p.137.

II. 기메박물관(Musée Guimet) 소장
루이 마랭(Louis Marin) 관련 한국 사진들

　기메 박물관(Musée Guimet)에서 찾아볼 수 있는 한국에 관한 사진 소장품들은 루이 마랭(Louis Marin)의 수집품에서 나온 것이다. 이것은 마랭(Marin)이 1901년 겨울 서울에서 머무는 동안 찍었던 것들이다. 전문가의 작품사진이라기 보다는 순간적이거나 보도적인 면에 훨씬 비중을 많이 둔 아마추어적인 이 사진들은 마랭(Marin)이 서울에 15일 정도 밖에 머물지 못한 관계로 서울과 그 부근 지역을 주로 다룬 것들이었다.

　마랭(Marin)이 방한중에 찍은 사진은 단순함(Simple)과 자연스러움을 강조한 현대적 접근법을 잘 입증해 주는 것이다. 마랭(Marin)은 이 사진들에서 있는 그대로의 서울 분위기를 보여주고자 했다.

*편집자 주 : 기메 박물관(Musée Guimet) 소장 루이 마랭(Louis Marin)의 한국 관련 사진들에 대해서는 별도의 설명을 하지 않는다. 물론 그의 컬렉션과 프랑뎅(Frandin)의 컬렉션을 비교할 때, 중복되는 것과 유사한 사진들을 찾아보는 것은 어렵지 않다. 그러나 이에 대해 쉽게 접근하지 못하는 것은 루이 마랭(Louis Marin)의 한국관련 사진의 성격이 보다 상세히 검토되어야 하고, 또 그 토대 위에서 프랑뎅(Frandin)의 켈렉션과 비교되어야 하기 때문이다.

317

A. 샤를르 바라(Charles Varat)의 『세계일주(Le Tour du Mande)』(1892, Paris)에 수록된 사진들

A-1. 간조시의 제물포항 풍경 — 사진을 토대로 한 웨버(de Th. Weber)

▪ 먼 나라 꼬레(Corée)

A-2. 조선의 국왕과 세자-사진
을 토대로 한 티리오(de
Thiriot)의 삽화

A-3. 황후궁-사진을 토대로 한 티리오(de Thiriot)의 삽화

A-4. 왕궁－사진을 토대로 한 티리오(de Thiriot)의 삽화

A-5. 한국의 초가집－사진을 토대로 한 고토르브(de Gotorbe)

A-6. 조선의 남자들 – 사진을 토대로 한 라베(de J. Lavée)의 삽화

A-7. 조선의 아이들 – 사진을 토
대로 한 티리오(de Thiriot)
의 삽화

A-8. 밀양의 야멘－사진을 토대로 한 티리오(de Thiriot)의 삽화

B. 루이 마랭(Louis Marin)의
『사진, 서울(Photos, Séoul)』, 1901,
기메박물관(Musée Guimet)에 수록된 사진들

제5장 기메박물관(Musée Guimet)의 루이 마랭(Louis Marin) 소장품 •

▪ 먼 나라 꼬레(Corée)

C. 루이 마랭(Louis Marin)재단 /
기메박물관(Musée Guimet) 소장 우편엽서

A Happy Christmas.

Best Wishes for A Happy Christmas.

33. — Costume d'Ancien Général Coréen. (Chapeau en feutre orné d'une
queue de cheval.

SÉOUL. — Un écuyer de la Cour

D. 루이 마랭(Louis Marin) 재단 /
기메박물관(Musée Guimet) 소장 인화지 인쇄물

333

제5장 기메박물관(Musée Guimet)의 루이 마랭(Louis Marin) 소장품 ▫

339

제5장 기메박물관(Musée Guimet)의 루이 마랭(Louis Marin) 소장품 ▫

344

■ 먼 나라 꼬레(Corée)

346

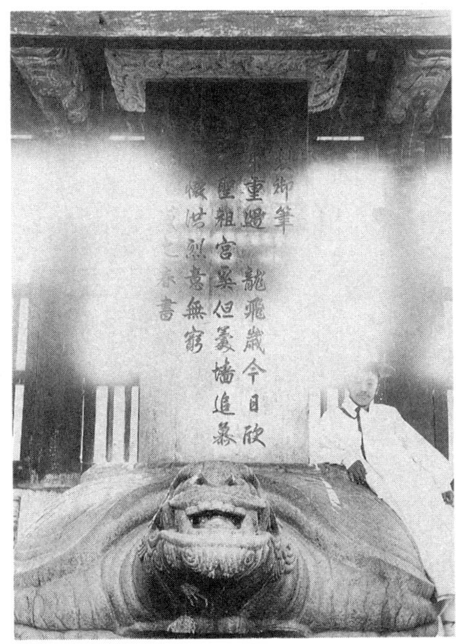

350

참고문헌

▪ 자 료

『고종실록(高宗實錄)』.

『황성신문(皇城新聞)』.

고려대 아세아문제연구소, 『구한국외교문서』.

국사편찬위원회, 『한불관계자료－주불공사 · 파리박람회 · 홍종우－』, 한
　　　국근대사료집성 4, 2001.

규장각, 『구한국외교문서』.

프랑스 외무성, 『프랑스외교문서(Documents Diplomaticques Français, 1871~
　　　1914, relatif anx origines de la guerre de』, 1927~1960.

프랑스 외무성, 『미간행프랑스외교문서(Archives Diplomaticques du Ministeres
　　　des Affaires Etrangeres de France)』.

Charles Varat, 『Tour du monde』, 1892, Paris.

E. Boudaret, 『En Corée』, 1904, Paris.

Ernest Leroux, 『Korea and her neighbours』, 1905, Londres.

Franz Goossens, 『La Corée en 1902 Bruxelles : Impremerie Vanbuggenhoud』,
　　　1902, Paris.

George Ducrocq, 『Pauvre et douce Corée』, 1904, Paris.

Jean de Pange, 『En Corée』, 1904, Paris.

H.H. Hulbert, 『History of Korea』, 1902, New York.

Maurice Courant, 『La Biblgraphie Coréenne』, 1894~1896, Paris.

Maurice Courant, 『Souvenirs de séoul』, 1900, Paris

Maurice Courant, 『Supplement la Biblgraphie Coreénne』, 1901, Paris.

Pierre loti, 『La troisieme jeunesses de Madame Prune』, 1905, Paris.

Hippolyte Frandin · Claire Vautier, 『En Corée』, 1905, Paris.

▫ 먼 나라 꼬레(Corée)

▫ 단행본

고미숙, 『한국의 근대성, 그 기원을 찾아서』, 2001, 책세상.
국사편찬위원회, 『한국사』 18, 1975.
김원모 편저, 『근대한국외교사연표』, 단국대출판부, 1984.
문규현, 『한국천주교회사』(Ⅰ), 1994, 빛두레.
안동대학교 박물관, 『사진으로 보는 조선 1892년』, 1997.
에드워드 사이드 지음, 박홍규 옮김, 『오리엔탈리즘』, 2002, 교보문고.
이용희 편, 『근세한국회교문서총목』, 1966, 국회도서관.
이폴리트 프랑뎅·끌라르 보티에 지음, 김상희·김성언 옮김, 『프랑스 외
    교관이 본 개화기 조선』, 2002, 태학사.
조르주 뒤크로 지음, 최미경 옮김, 『가련하고 정다운 나라, 조선』, 2001, 눈
    빛출판사.
최인진, 『한국사진사』, 1999, 눈빛출판사.
최종고, 『법사와 법사상』, 1980, 박영사.
최종고, 『한국의 서양법 수용』, 1982, 박영사.
프레데릭 불레스텍스 지음, 이향·김정연 옮김, 『착한 미개인, 동양의 현
    자』, 2002, 청년사.
한국교회사연구소 역주, 『뮈텔주교일기』(Ⅰ), 1986.
한국교회사연구소 역주, 『뮈텔주교일기』(Ⅱ), 1993.

Jerome Ghesquiere·Kenneth White, 『Frontiere d'Asie』, Musée Guimet, 1993,
    Paris.
吉見俊哉, 『博覽會の政治學』, 1992, 中公新書.

▫ 논 문

강만길, 「대한제국의 외세」 『한국근대사』, 1984.
김영건, 「홍종우에 관한 자료」 『김옥균전기』, 1969.

김영식, 「대한제국의 대불외교관계(1897~1905)」『한국정치외교사논총』3, 1986.

김진송, 「서울에 딴스홀을 허하라」『현실역사연구』, 1999.

김희곤, 「하야시 타케이치와 조선국진경」『사진으로 보는 조선 1892년』, 안동대학교 박물관, 1997.

박지향, 「여행기에 나타난 식민주의 담론의 남성성과 여성성」『영국연구』4.

이 옥, 「한말의 자유주의자 홍종우-빠리에 있는 몇가지 자료를 중심으로-」『신동아』1968년 1월.

쟝 끌로드 알랭, 「고종재위기간의 불한관계(1864~1907)」『한국정치외교사논총』3, 1986.

최석우, 「교회를 통한 한·불외교사」『교회와 역사』54, 한국교회사연구소, 1980.

최석우, 「한불조약의 체결과정」『한국정치외교사논총』3, 1986.

홍순호, 「Emile Martel의 생애와 활동」『교회와 역사』93, 한국교회사연구소, 1983.

홍순호, 「한불수교백년의 회고와 전망」『한국정치외교사논총』3, 1986.

전시기간   2002. 12. 24 ～ 2003. 3. 2
전시기획   경기도박물관 학예연구실
전시진행   양미을 · 김용철 · 김성환 · 김준권 · 김규상 · 심영신
도판해설   정성길(대구 동산병원박물관장)
            김성환(경기도박물관 학예연구관)
            김준권(경기도박물관 학예연구사)
자료정리 및 편집
            김성환(경기도박물관 학예연구관)
            김규상(경기도박물관 학예연구사)
사진출력   중앙대학교 첨단영상대학원 영상예술학과
후   원   주한프랑스대사관 · 외교통상부 · 문화관광부 · 조선일보
협   찬   (주) 한국EPSON

먼 나라 꼬레(Corée)
— 이폴리트 프랑뎅(Hippolyte Frandin)의 기억속으로 —

2003년 1월 15일 인쇄
2003년 1월 20일 발생

            저   자 : 경기도박물관
            발 행 인 : 양 미 을
            발 행 처 : 경기도박물관
                        449-905
                        경기도 용인시 기흥읍 상갈리 85
            편집 · 제작 : 경인문화사
                        서울특별시 마포구 마포동 324-3
                        TEL : 718-4831. FAX : 703-9711
                        등록번호 : 제10-18호(1973.11.8

ISBN 89-499-0172-2   03910   정가 25,000원

* 이 책은 경기도박물관에서 개최한 19세기말 프랑스외교관 소장 사진전인
  "먼나라 꼬레(Corée) — 이폴리트 프랑뎅(Hippolyte Frandin)의 기억속으로"
  (2002.12.24～2003.3.2)의 관련 자료로 간행되었다.